Achtsam leben

SUSANNE MOEBERG

Selbstwert für empfindsame Seelen

SCORPIO

Susanne Moeberg ist selbst hochsensibel und begleitet seit über 20 Jahren andere Menschen mit dieser besonderen Begabung als Achtsamkeitslehrerin, Autorin und Coach. Sie lebt in Dänemark.
www.moeberg.dk

Die Originalausgabe ist unter dem Titel *MOD TIL SELVVÆRD især for særligt sensitive mennesker* im Møbergs Forlag, Højbjerg, Dänemark, erschienen.

MIX
Papier aus verantwortungsvollen Quellen
FSC® C084279
FSC www.fsc.org

Übersetzung aus dem Dänischen: Knut Krüger, München
Umschlaggestaltung: Hauptmann & Kompanie Werbeagentur, Zürich
Layout und Satz: Veronika Preisler, München
Druck und Bindung: Print Consult, München
ISBN 978-3-95803-160-9

www.scorpio-verlag.de

Inhalt

Einleitung

Unser Selbstwertgefühl hängt davon ab, was wir über uns selbst denken. Es spiegelt unser Selbstbild, das Bewusstsein unseres Werts – in unseren eigenen Augen. Wer in seiner Kindheit und Jugend viel Liebe, Lob und Unterstützung erfährt, dem fällt es leichter, ein gutes Selbstwertgefühl zu entwickeln, als jemandem, der stets kritisiert und mit seinen Problemen und Herausforderungen allein gelassen wurde.

Gerade für Menschen mit einer ausgeprägten Sensitivität ist es oftmals schwierig, als Kinder und Jugendliche ein gesundes Selbstwertgefühl aufzubauen, denn sie bekommen nicht selten von außen vermittelt, dass sie »anders« und damit »nicht richtig« sind.

Selbst mit einer hochsensiblen Veranlagung auf die Welt gekommen, stehe ich heute anderen Betroffenen als Coach und Beraterin zur Seite. Dabei habe ich die Erfahrung gemacht, dass vielen von ihnen der Mut fehlt, auf sich selbst zu hören und sich selbst treu zu sein – unabhängig davon, was andere von ihnen denken oder erwarten. Stattdessen konzentrieren sie sich auf ihre vermeintlichen Fehler, Defizite und Begrenzungen. Dadurch entfernen sie sich immer weiter von sich selbst und einer

angemessenen Selbstwertschätzung – und verlieren damit viel Energie und Lebensfreude.
Das ist besonders schade, denn die sensitive Veranlagung birgt ein so liebevolles, kreatives und intuitives Potenzial, hat so viele empathische und mitfühlende Qualitäten: Dinge, von denen wir alle profitieren können. Hochsensible Menschen sind in der Regel zäh und beharrlich – sofern sie ihre Empfindsamkeit in den Griff bekommen. Dazu gilt es, den Fokus zu verschieben und sich so zu akzeptieren, wie man ist – mit allem, was dazugehört –, und sich alle Qualitäten, Vorteile und Möglichkeiten dieser Disposition bewusst zu machen.
Obwohl *Selbstwert für empfindsame Seelen* sich in erster Linie an hochsensible Menschen richtet, sind auch alle Leser und Leserinnen ohne diese besondere Veranlagung eingeladen, sich davon inspirieren zu lassen, um ihr Selbstwertgefühl zu verbessern. Ich möchte alle Menschen darin unterstützen, ein erfülltes Leben zu führen, das gleichermaßen von Energie, innerer Ruhe und Freude bestimmt ist.

Denn die gute Nachricht lautet: Egal, was wir in der Vergangenheit erlebt haben, es ist nie zu spät, sich seines Wertes bewusst zu werden.
Dieses Buch soll Sie darin bestärken, sich selbst wertzuschätzen und das Beste an sich zum Vor-

schein zu bringen. Allerdings entwickelt sich ein gutes Selbstwertgefühl nicht von allein. Es ist eine persönliche Angelegenheit, die Mut und Einsatz fordert, die gehegt und gepflegt sein will.

Es gehört Mut dazu, der Mensch zu sein,
der man ist.
Es gehört Mut dazu, auf sich selbst zu hören –
ganz gleich, was andere von einem erwarten.
Es gehört Mut dazu, die Konsequenzen seiner
Entscheidungen zu tragen.
Und besonders viel Mut erfordert es, wenn
man das Gefühl hat, anders als die anderen
und damit »verkehrt« zu sein.

Ich wünsche Ihnen eine gute Lektüre
und viel Erfolg!

1

Über Hochsensibilität und Selbstwert

Hochsensitive Menschen sind empfänglicher für Eindrücke, Stimmungen und äußere Reize als andere. Der amerikanischen Autorin und Psychologin Elaine Aron zufolge, die seit 1991 zum Thema Hochsensibilität forscht, besitzen 20 Prozent aller Menschen eine ausgesprochen empfindsame Veranlagung – was natürlich nicht heißt, dass die anderen 80 Prozent gefühlsarm oder unsensibel sind, sie sind nur eben weniger sensitiv veranlagt. Die Verteilung zwischen den Geschlechtern ist sehr ausgeglichen: Hochsensibilität betrifft Frauen wie Männer gleichermaßen.

Gehirn-Scans, die im Zusammenhang mit der Forschungsarbeit von Elaine Aron durchgeführt wurden, haben gezeigt, dass das Gehirn Hochsensibler Wahrnehmungen auf eine spezifische Weise registriert, bearbeitet und integriert. Als man zwei Gruppen von Versuchspersonen jeweils zwei fast identische Fotos zeigte, stellte sich heraus, dass bei den hochsensitiven Teilnehmern das Gehirn aktiver und beharrlicher daran arbeitete, die Unterschiede zwischen den Fotos herauszufinden, als bei Personen ohne diese spezielle Feinfühligkeit der Sinne.

Mit einer hochsensiblen Veranlagung hat man deutlich mehr zu tun, um sich auf seine Umgebung einzustellen. Das führt dazu, dass Betroffene sich schneller überstimuliert, gestresst und erschöpft fühlen, weil ihr Körper früher damit beginnt, Stresshormone zu produzieren. Was andere Menschen als moderate Stimulierung empfinden, kann für Hochsensible schon eine Überreizung bedeuten – einen Zustand, in dem sie nichts mehr aufnehmen können, sondern sich zurückziehen müssen, um ihr Nervensystem zu beruhigen und ihr inneres Gleichgewicht wiederzufinden.

Viele Hochsensible fühlen sich ungenügend, falsch und anders – vielleicht auch einsam –, weil sie den Eindruck haben, die Einzigen zu sein, die mit dem hohen Lebenstempo ihrer Umgebung nicht Schritt halten können. Und in dem permanenten Versuch, sich den anderen anzupassen und so zu sein wie sie, kann es passieren, dass sie sich selbst aus den Augen verlieren: Aus Angst vor Kritik oder Zurückweisung halten sie sich zurück und verzichten auf Dinge, die sie gerne tun würden. Oder aber sie lassen sich auf etwas ein, das ihnen eigentlich nicht liegt, weil sie sich davon Anerkennung und Gemeinschaft erhoffen. Obwohl sie intuitiv wissen, dass ihnen das nicht guttut, tun sich Menschen, die hochsensitiv sind, oft schwer damit, ihre Grenzen zu wahren und auf ihre eigenen Bedürfnisse zu achten. Das kann sich auf verschiedene Weise äußern. Manche ziehen sich in sich selbst zurück, sind schüchtern oder reserviert. Andere flüchten sich in Umtriebigkeit und Aktivismus, verlieren sich in Sorgen und endlosen Gedankenspielen oder legen eine übertriebene Fürsorge für ihre Mitmenschen an den Tag – und lenken damit von sich selbst und ihren eigenen Bedürfnissen ab.

Hochsensibilität ist keine Diagnose, die der Arzt stellen kann. Das muss jeder für sich selbst herausfinden. Einen entsprechenden Test finden Sie in meinem Buch *Ja, ich spüre mehr: Gut leben mit Hochsensibilität* (Scorpio: München 2016) sowie auf meiner Homepage www.moeberg.dk.
Wichtig ist, dass Sie sich bewusst sind: Eine sensitive Veranlagung ist nicht per se etwas Positives oder Negatives, weder richtig noch falsch. Sie ist, was sie ist. Es hängt allein von Ihrer Einstellung ab, wie Sie diese besondere Gabe bewerten. Auf viele

Menschen hat es eine befreiende Wirkung, wenn sie ihre Veranlagung endlich beim Namen nennen können und zudem erfahren, dass sie weder allein damit noch »verkehrt« sind. Eine 60-jährige Frau erzählte mir einmal, dass sie nach einem Vortrag von mir zum ersten Mal das Gefühl hatte, sich selbst mögen und akzeptieren zu können. Das Wissen um ihre sensitive Veranlagung hat ihr Leben verändert.

Was hochsensitive Menschen auszeichnet

Jeder Mensch ist einzigartig, und das gilt selbstverständlich auch für diejenigen, die eine ausgeprägte Empfindsamkeit als Teil ihrer Persönlichkeit in sich tragen. Entsprechend gibt es hochsensitive Menschen, die zurückhaltend und introvertiert sind, aber auch solche, die aktiv, extrovertiert, abenteuerlustig und entscheidungsfreudig sind. Bei manchen ist die Hochsensitivität offensichtlich, bei anderen ist sie nicht so leicht erkennbar. Andererseits sind bestimmte Charakterzüge und Verhaltensmuster vielen Hochsensiblen gemeinsam. Vielleicht erkennen Sie sich ja in der folgenden Beschreibung wieder?

- Verantwortungsbewusstsein, Rücksichtnahme, Freundlichkeit und Interesse an ihren Mitmenschen sind Hochsensitiven selbstverständlich. Wenn sie mit anderen zusammen sind, fühlen sie sich verantwortlich für die allgemeine Stimmung und dass es allen gut geht.
- Sie sind kooperativ. Wegen ihrer feinen Sensoren für zwischenmenschliche Stimmungen verfügen sie über ausgeprägte empathische Fähigkeiten. Sie spüren rasch, wie es anderen Menschen geht, können gut zuhören und haben die Erfahrung gemacht, dass sich andere ihnen gern anvertrauen.
- Hochsensible können sich auf ihre Intuition verlassen, weil sie subtilere Signale empfangen als andere Menschen. Daher besitzen viele von ihnen eine kreative Ader.
- Sie machen sich viele Gedanken und bringen diese wortreich zum Ausdruck. Es ist ihnen wichtig, von anderen verstanden zu werden, und sie neigen zu weitschweifigen Erklärungen, wenn sie das Gefühl haben, dass dies nicht der Fall ist.
- Sie sind tiefschürfend, können frei und unabhängig denken. Allerdings brauchen sie ausreichend Zeit zum Überlegen und Reflektieren. Darum sind sie in manchen Situationen lang-

samer als andere, denn sie betrachten sowohl das Ganze als auch die Details.

- Besonders Sensitive stellen hohe Erwartungen an sich selbst und andere, haben feste Moralvorstellungen und glauben an Werte wie Gerechtigkeit, Nächstenliebe, Respekt und Altruismus.
- Oftmals besitzen Hochsensible eine ausgeprägte Fähigkeit, sich zu konzentrieren und in Dinge zu vertiefen, allerdings lassen sie sich dabei ungern stören.
- Häufig sind sie spirituell veranlagt und spüren, dass da mehr ist zwischen Himmel und Erde, als unsere Schulweisheit sich träumen lässt. Das Wissen, Teil eines größeren Ganzen zu sein, verschafft ihnen innere Ruhe. Vielleicht fühlen sie sich aber auch einsam, weil sie nicht in der Lage sind, ihre Spiritualität mit anderen zu teilen.
- Eben weil ihnen die Realität mehr unter die Haut geht als anderen, sind sie auch für positive Stimuli besonders empfänglich. Sie nähren sich gewissermaßen von Naturerlebnissen, Kunst, Farben, Musik, liebevoller Gemeinschaft und tiefer Freundschaft, Entspannung, Yoga, Bewegung, Massage, Wellness etc.

- Es geht ihnen am besten, wenn sie von einem gewissen Maß an Ruhe, Ordnung, Sauberkeit und Schönheit umgeben sind.
- Weil ihre Psyche nicht so widerstandsfähig ist wie die anderer Menschen, wird Hochsensitiven schnell alles zu viel – dann fühlen sie sich überstimuliert, müde, erschöpft und gestresst, weil sie die äußeren Eindrücke intensiver wahrnehmen und ihr Gehirn mehr Energie aufwendet, um diese zu verarbeiten. Daher brauchen sie auch mehr ungestörte Zeit für sich als andere Menschen.
- Besonders empfindsame Menschen bekommen rasch ein schlechtes Gewissen, haben schneller als andere Schuld- und Schamgefühle. Häufig neigen sie auch dazu, sich die Probleme der ganzen Welt auf die Schultern zu laden und auch für Dinge Verantwortung zu übernehmen, für die sie gar nicht zuständig sind.
- Die meisten Hochsensiblen haben damit zu kämpfen, ihre eigenen Bedürfnisse zu befriedigen und gesunde Grenzen zu setzen, sich selbst ausreichend Ruhe und Erholung zu gewähren. Das gilt ganz besonders für Frauen, die grundsätzlich eher ein schlechtes Gewissen haben, wenn sie sich Zeit für sich selbst gönnen, und sich schnell für egoistisch halten.

Die größte Herausforderung: Überstimulierung

Die größte Schwierigkeit für Hochsensible besteht darin, dass sie sich rasch überstimuliert, erschöpft und gestresst fühlen, weil so vieles auf sie einströmt. Sie ermüden oft schnell, weil ihr Sinnesapparat quasi nie Pause macht und das Gehirn unablässig eine riesige Menge an Daten registrieren und verarbeiten muss. Dadurch erreichen sie schneller den Punkt der maximalen Aufnahmefähigkeit, ab dem sie alles als zu viel, zu laut oder zu lange empfinden. Täglich wiederkehrende Überstimulation zehrt an den Energiereserven und lässt auf Dauer die Stimmung leiden.

Was im Einzelnen überstimulierend wirkt, ist individuell verschieden und hängt in hohem Maße von den Gewohnheiten, Verhaltensmustern und Einstellungen der Betroffenen ab. Unter Stimulierung ist alles zu verstehen, was unsere Aufmerksamkeit erregt und das Nervensystem aktiviert. Es wird Sie vielleicht überraschen, dass auch positive Gefühle zur Überstimulierung beitragen können. Freude, Engagement, Verliebtheit und Begeisterung können das System so viel Energie kosten, dass man sich gestresst fühlt und das Bedürfnis nach Rückzug hat.

So erklärt sich auch, warum zum Beispiel Ehepartner, die von einem schönen Essen bei Freunden nach Hause kommen, einen unterschiedlichen Energielevel und somit auch unterschiedliche Bedürfnisse haben können: Während der Empfindsamere von beiden sagt: »Ich bin ein bisschen müde. Ich setze mich erst mal hin und ruhe mich aus«, fragt der andere: »Wieso denn müde? Wir haben doch nur gegessen und uns unterhalten.« Wenn der Hochsensible sagt: »Ich glaube, Maria ging es heute nicht gut«, entgegnet der Partner: »Wie kommst du denn da drauf? Davon hat sie doch gar nichts gesagt.«

Selbst angenehm verbrachte Zeit mit guten Freunden kann also dazu führen, dass sich ein Hochsensibler danach erst mal zurückziehen muss, um die vielen Eindrücke zu verarbeiten und sein Gleichgewicht wiederzufinden. Der Partner, der einen Großteil der Eindrücke gar nicht registriert hat, ist dagegen fit und energiegeladen und möchte vielleicht noch ins Kino gehen.

Ob eine sensitive Veranlagung für Sie Fluch oder Segen bedeutet und inwieweit sie Ihr Selbstwertgefühl beeinträchtigt, hängt nicht zuletzt davon ab, wie gut es Ihnen gelingt, Gewohnheiten und Verhaltensmuster in Ihren Alltag zu integrieren, die einer Überstimulierung vorbeugen, und dass

Sie lernen, damit umzugehen, wenn es trotzdem geschieht. Denn es wird sich kaum vermeiden lassen, dass Sie immer mal wieder in Situationen geraten, die Sie als sehr anstrengend empfinden.

Unser Bild von uns selbst

Kein Mensch kommt mit einem geringen Selbstwertgefühl auf die Welt – es entwickelt sich im Laufe seines Lebens. Erst ab einem gewissen Alter beginnen wir damit, uns als »richtig« oder »falsch« einzuschätzen. Vermittelt wird uns unser Wert von den Menschen in unserer Umgebung. Wir lernen schnell, welches Verhalten gut ankommt und geschätzt wird und welches auf Schweigen, Kritik und Ablehnung stößt. Selbstwertgefühl ist etwas, das man sich aneignen kann und das sich trainieren lässt. Je mehr wir uns trauen, uns selbst als unverwechselbares Individuum zu entfalten, desto stabiler wird unser Selbstwertgefühl.

Die meisten Menschen wissen, was es heißt, sich minderwertig zu fühlen. Es ist eine negative Einstellung uns selbst gegenüber, die sich in unseren Gedanken, Worten und Handlungen widerspiegelt und sich auch in unserer Körperhaltung zeigt. Mit einem solchen Selbstbild ist es zweitrangig, was wir tatsächlich erreichen, weil wir in ständiger Angst vor dem Scheitern leben. Wir fürchten uns permanent, »enttarnt« zu werden, dass andere uns auf die Schliche kommen und merken, dass wir unfähig sind.

Dann ziehen wir uns nicht selten in uns selbst zurück, verschweigen unsere wahren Gedanken und Gefühle und sind nicht in der Lage, am sozialen Leben teilzunehmen. Oder wir tun umgekehrt alles, um nur ja gesehen zu werden und im Mittelpunkt zu stehen, suchen unablässig nach Aufmerksamkeit und Bestätigung und verlieren darüber die Fähigkeit, uns anderen zuzuwenden und zuzuhören.

Wer ein geringes Selbstwertgefühl hat, neigt dazu, sich mit anderen zu vergleichen und mit ihnen zu konkurrieren. Sich selbst als gleichwertig mit den anderen zu betrachten ist dagegen nahezu unmöglich. Man empfindet sich entweder als über- oder unterlegen, als besser oder schlechter als andere.

Es kann sein, dass Ihr Selbstwertgefühl schwankt, je nachdem, mit welchen Menschen Sie gerade zusammen sind. Haben Sie so etwas schon mal erlebt: Sie befinden sich – privat oder beruflich – in einer Gruppe oder Gesellschaft, in der Sie sich stark, selbstbewusst und pudelwohl fühlen. Und plötzlich kommt ein neues Mitglied hinzu, das (vermeintlich) klüger, eloquenter, schneller, attraktiver oder besser gekleidet ist als Sie. Und schlagartig kommen Sie sich ungeschickt und minderwertig vor. Was ja wirklich seltsam ist, da Sie nach wie vor dieselbe Person sind wie zuvor.

Menschen mit geringem Selbstwertgefühl sind oft sehr ichbezogen, weil sie glauben, alles habe mit ihnen zu tun. Sie nehmen viele Dinge sehr ernst und persönlich und haben somit eine verzerrte Wahrnehmung von sich und ihrer Umgebung. Auf diese Weise überschätzen sie ihre eigene Bedeutung und sind doch unendlich verletzlich, was die Meinung anderer Leute betrifft. Komplimente wie Kritik verunsichern sie gleichermaßen. Dabei geht es nicht darum, was andere wirklich über sie denken, sondern darum, was die Betroffenen *vermuten*, das andere meinen. Sie fühlen sich schnell als Opfer, weil sie glauben, die ganze Welt sei gegen sie.

Es ist wirklich ein paradoxer Vorgang. Einerseits glauben Menschen mit geringem Selbstwertgefühl, dass sich alles um sie dreht. Und andererseits misstrauen sie ihrer Bedeutung so stark, dass sie völlig aus dem Blick verlieren, wie sie sich selbst und andere beeinflussen.

Es erfordert Mut, ein intaktes Selbstwertgefühl zu entwickeln und aufrechtzuerhalten. Weil es bedeutet, Verantwortung für sich selbst zu übernehmen, seiner Intuition zu vertrauen, Ängste und Begrenzungen zu überwinden, sich weiterzuentwickeln. Was wir dabei gewinnen können: ein sinnvolles Leben, in dem wir unsere eigenen Ziele und Träume verwirklichen.

Viele Klienten kommen mit dem Wunsch zu mir, ihr Selbstwertgefühl zu stärken. Sie sehnen sich nach innerer Ruhe und Ausgeglichenheit und vermissen das Gefühl, sich einfach wohlfühlen und entspannen zu können.

Als Coach bin ich immer wieder verblüfft darüber, dass sich kaum einer von ihnen Gedanken darüber macht, was es bedeutet, ein intaktes Selbstwertgefühl zu haben. Die meisten sind sich nicht darüber im Klaren, was dazugehört, wie es sich anfühlt und welche Veränderungen ein gesundes Selbstwertgefühl mit sich bringt. Sie wissen im Grunde gar nicht, was sie damit bewirken wollen. Doch wenn man gar nicht genau weiß, was man will, wie kann man dann erwarten, es zu erreichen? Man geht ja auch nicht im Bahnhof zum Ticketschalter und sagt: »Ich hätte gern eine Fahrkarte, egal wohin, bloß weg von hier.« Für viele meiner Klienten ist das Selbstwertgefühl eine so abstrakte Größe, dass sie gar nicht spüren würden, wenn es da ist.

Daher ist es wichtig, sich bewusst zu machen: Wenn Sie ein gesundes Selbstwertgefühl anstreben, dann muss Ihnen klar sein, was damit verbunden ist, wie es sich anfühlt – und ab welchem Punkt Sie zufrieden wären. Sind Sie darauf angewiesen, dass Ihr Selbstwertgefühl bei genau 100 Prozent liegt, oder tut es vielleicht auch ein bisschen weniger?

SELBSTEINSCHÄTZUNG

Mein Selbstwertgefühl

Wie würden Sie Ihr momentanes Selbstwertgefühl auf einer Skala von 1 (nicht vorhanden) bis 10 (könnte nicht besser sein) beurteilen?

① ② ③ ④ ⑤ ⑥ ⑦ ⑧ ⑨ ⑩

Am besten legen Sie sich ein kleines Heft zu, in dem Sie Ihre Antworten zu den Übungen in diesem Buch notieren.

Nun beschreiben Sie so persönlich und genau wie möglich: Wenn ich ein gutes Selbstwertgefühl hätte …

Was würde ich von mir denken?

Was würde ich anderen über mich erzählen?

Was würde ich über andere denken?

Wie würde es sich anfühlen – in meinem Kopf und in meinem Körper?

Was würde ich tun?

Was würden andere über mich denken und sagen?

Wie würde mein Leben in einem Jahr aussehen?
In fünf … in zehn Jahren?

Wie oft müsste ich mein gutes Selbstwertgefühl spüren können, um zufrieden zu sein? Immer? In 90 Prozent der Zeit? 80 Prozent, 70 Prozent oder weniger?

Habe ich den Mut zum Selbstwertgefühl? Falls nicht, was steht dem im Wege bzw. was könnte mir Mut verleihen?

Beim Lesen dieses Buches werden Sie vermutlich ein besseres Gefühl dafür bekommen, wie Sie Ihrem Selbstwertgefühl auf die Sprünge helfen können. Es kann nicht schaden, diese Selbsteinschätzung zwischendurch zu wiederholen. Am Ende des Buches werden wir noch einmal darauf zurückkommen.

Übrigens: Selbstwertgefühl ist nicht das Gleiche wie Selbstvertrauen. Während unser Selbstvertrauen sich auf äußerliche Faktoren wie Aussehen, Status und Erfolge stützt, hängt das Selbstwertgefühl davon ab, wie wir uns grundsätzlich als Mensch sehen – egal, was wir leisten oder nach außen darstellen. Mit einem intakten Selbstwertgefühl wissen Sie, dass Sie etwas wert sind – auch wenn Sie gerade sauer oder zornig sind, sich dumm vorkommen oder überstimuliert fühlen, eine konkrete Aufgabe nicht bewältigen können oder andere unzufrieden mit Ihnen sind.
Menschen mit großem Selbstvertrauen zeigen nach außen, dass sie erfolgreich sind und ihnen vieles gelingt. Wir neigen dann gern dazu, zu glauben, dass diese Menschen nicht nur ein maximales Selbstwertgefühl, sondern auch ein perfektes Leben haben.
Doch oft ist das Gegenteil der Fall: Ich coache viele gut aussehende, wohlhabende, erfolgreiche Men-

schen, die hervorragende Zeugnisse, tolle Karrieren und interessante Jobs vorzuweisen haben. Ihnen gemeinsam ist ein Gefühl des inneren Drucks, der Unruhe und Unsicherheit. Sie fürchten, irgendwann als Hochstapler enttarnt zu werden, dass jemand eines Tages entdeckt, dass sie weniger wert sind, als es den Anschein hat. Sie fühlen sich genötigt, ständig etwas Außergewöhnliches leisten zu müssen, weil es ihnen im Grunde an Selbstwertgefühl mangelt. Nicht selten endet dieser Versuch des Überkompensierens in Stresserkrankungen bis hin zum Burn-out.

Seien Sie sich also immer darüber im Klaren: *Äußerlichkeiten sagen nichts über das Selbstwertgefühl einer Person aus. Und auch auf Ihrem Weg zu einem positiveren und mehr wertschätzenden Selbstbild geht es nicht darum, sich oder andere mit äußeren Erfolgen oder Besitztümern zu beeindrucken.*

2

Der Weg zu mehr Selbstwertschätzung

Wenn Sie ein gutes Selbstwertgefühl entwickeln möchten, gilt es zunächst, Ihre eigene Bedeutung zu erkennen. Sie sind weder mehr noch weniger wert als andere Menschen, doch für sich selbst sind Sie die wichtigste Person der Welt – und die einzige, die weiß, was gut für Sie ist und was Sie brauchen, um ein zufriedenes und sinnvolles Leben zu führen.

Selbstakzeptanz

Der erste und wichtigste Schritt auf dem Weg zu einem besseren Selbstwertgefühl ist: Akzeptieren Sie sich so, wie Sie jetzt gerade sind, mit allem, was dazugehört. Das bedeutet nicht, dass Sie für den Rest Ihres Lebens so bleiben müssen. Aber es ist der einzig mögliche Ausgangspunkt für jede Weiterentwicklung.

Je stärker Ihr Selbstwertgefühl wird, desto mehr werden Sie sich mit neuen Augen sehen und entdecken, dass Sie allen Grund haben, sich wertzuschätzen. Dazu ist es wichtig, dass Sie es sich abgewöhnen, ständig in Gedanken um Ihre Defizite und Begrenzungen zu kreisen. Das hindert Sie daran, als Mensch zu wachsen und sich zu entwickeln. Stattdessen gilt es, Ihre vielen positiven Eigenschaften zu würdigen, auch und gerade diejenigen, die mit Ihrer hochsensiblen Veranlagung zu tun haben.
Lernen Sie, auf sich selbst zu hören und Ihren eigenen Impulsen zu folgen – und dabei Ihre Grenzen und Bedürfnisse zu achten. Nur so können Sie schließlich Ihr ganzes individuelles Potenzial entfalten und das Beste aus sich »herausholen«: ein Leben, das Ihnen das Gefühl vermittelt, zu jeder Zeit der Liebe und Wertschätzung anderer wert zu sein.
Wenn Sie sich nun auf den Weg machen, Ihr Selbstwertgefühl zu stärken, seien Sie geduldig und freundlich mit sich selbst, gerade auch dann, wenn es mal schwierig ist und Sie entmutigt sind. Denken Sie stets daran, was Nelson Mandela in seiner berühmten Rede einst sagte: *»Unsere größte Angst ist es nicht, überfordert zu werden. Unsere größte Angst besteht darin, dass unsere Kraft keine*

Grenzen hat. Es ist unser Licht, nicht unser Dunkel, das uns erschreckt. Es liegt nichts Aufgeklärtes darin, sich kleiner zu machen, als man ist, denn andere werden dadurch verunsichert. Sich selbst kleiner zu machen bringt die Welt nicht weiter. Indem wir unser eigenes Licht scheinen lassen, gestatten wir unbewusst auch anderen Menschen, das Gleiche zu tun. Wenn wir uns von unserer eigenen Furcht befreien, befreit unsere Gegenwart auch andere.«

Nehmen Sie Nelson Mandela als leuchtendes Vorbild für Ihren eigenen Mut, Ihr Licht scheinen zu lassen und sich Ihrer Würde bewusst zu sein – ganz gleich, was andere darüber denken mögen.

ÜBUNG

Das Gefühl von Würde

- Nehmen Sie sich ein paar Minuten Zeit und suchen Sie sich einen Ort, an dem Sie ungestört sind.
- Finden Sie eine aufrechte Sitzhaltung, sei es auf einem Stuhl oder auf einem Kissen, in der Sie sich entspannt und gegenwärtig fühlen.
- Schließen Sie die Augen.
- Atmen Sie tief ein und aus und folgen Sie dabei Ihrem Atem. Spüren Sie, wie der Luftstrom durch die Nase in

Ihre Lunge eingesogen wird und sich dabei Ihr Bauch nach außen wölbt; und wie beim Ausatmen der Bauch wieder nach innen gezogen wird.

- Stellen Sie sich vor, dass Sie mit Ihrem Körper und Ihrem ganzen Wesen Ruhe und Würde ausstrahlen. Strecken Sie den Rücken, damit Ihre Körperhaltung diese Würde auch repräsentiert. Es gibt dabei kein Richtig oder Falsch. In der Regel wissen wir intuitiv, in welcher Haltung der Körper Würde ausstrahlt.
- Sitzen Sie so für eine Weile – nehmen Sie sich ausreichend Zeit, um das Gefühl der Würde und Ihre Körperhaltung dabei genau zu erspüren.
- Beenden Sie die Übung langsam und nehmen Sie das Gefühl von Würde mit in den Alltag.

Grenzen setzen

Als Mensch mit einer besonders empfindsamen Seele, der deutlich mehr Eindrücke aufnimmt als jemand ohne diese Veranlagung, ist es für Sie grundlegend zu lernen, Ihre Grenzen zu erkennen und zu beachten.

Sicher kennen Sie das Gefühl, wenn Sie sich dem Punkt nähern, an dem Ihre Aufnahmefähigkeit erschöpft ist und alles zu viel, zu heftig, zu intensiv, zu laut wird. Ihnen ist klar: Sie bräuchten jetzt unbedingt eine Auszeit. Andererseits wollen Sie aber auch auf Ihre Umwelt Rücksicht nehmen, sich deren Tempo anpassen und niemandem mit Ihrer Empfindsamkeit zur Last fallen.

Viele Hochsensible sind es gewohnt, in solchen Situationen einfach weiterzumachen und erst dann Bescheid zu sagen, dass es ihnen zu viel wird, und eine Pause einzulegen, wenn es im Grunde schon zu spät ist.

Damit tun sie weder sich selbst noch ihrem Umfeld etwas Gutes, denn: *Wenn man sich dem Punkt der maximalen Aufnahmefähigkeit nähert, reagiert man anders als sonst, man wird müde, unkonzentriert, hektisch und reizbar, die Stimmung kippt, und womöglich lässt man seinen Stress auch ungerechterweise an anderen aus. Kurz: Wenn wir überstimuliert sind, agieren wir unter unserem Niveau. Hinterher haben wir dann nicht selten Schuldgefühle und ein schlechtes Gewissen – das Selbstwertgefühl ist im Keller.*

Vielleicht leben ja auch Sie in ständiger Nähe zu diesem Punkt, an dem die Überstimulierung beginnt, sei es privat oder beruflich – was eine extreme Belastung für Sie darstellt, Sie stresst und erschöpft, aus dem Gleichgewicht bringt und Minderwertigkeitsgefühle fördert.

Um aus diesem Verhaltensmuster herauszufinden, gilt es, sich als Erstes mit den Signalen vertraut zu machen, die Ihnen zeigen, dass Sie sich diesem Punkt nähern. Vertrauen Sie diesen Signalen, lernen Sie, innezuhalten und sich eine Auszeit zu nehmen, *bevor* es Ihnen zu viel wird – selbst wenn Sie gerade sehr beschäftigt sind und noch viel zu erledigen haben oder die Missbilligung anderer Leute fürchten.

Mit Sicherheit kennen Sie die entsprechenden Signale bei sich, sie sind unverkennbar. Sie haben sich nur abgewöhnt, auf sie zu reagieren. Gewöhnen Sie sich daran, wieder auf sie zu hören.

ÜBUNG

Den Punkt der maximalen Aufnahmefähigkeit erkennen

Nehmen Sie sich ein paar Minuten Zeit und spüren Sie in sich hinein. Fragen Sie sich: Anhand welcher Zeichen erkenne ich, wenn ich mich dem Punkt der maximalen Aufnahmefähigkeit nähere? Erstellen Sie eine möglichst vollständige Liste und tragen Sie die Antworten in Ihr Heft ein.

Was denke ich in so einer Situation?

Was fühle ich?

Was sage ich?

Was tue ich?

Worauf habe ich Lust?

Und nun ergänzen Sie zu jedem Punkt auf Ihrer Liste, was Sie tun können, um dieses Signal ernst zu nehmen und darauf zu reagieren. Vielleicht bietet sich zu verschiedenen Punkten dieselbe Lösung an – was von Vorteil wäre, weil es Ihnen das Einführen neuer Angewohnheiten erleichtern würde.

Eine wichtige Fähigkeit, um unsere Grenzen »zu verteidigen«, ist die, Nein sagen zu können. Vermutlich geraten Sie hin und wieder in Situationen, in denen Sie Ja sagen, obwohl Sie eigentlich Nein meinen. Wahrscheinlich tun Sie das, um andere nicht zu enttäuschen, um nicht desinteressiert, träge oder dumm zu wirken. Zudem bekommen gerade hochsensitive Menschen rasch Schuldgefühle, wenn sie Nein sagen. Lieber übernehmen sie sich um des lieben Friedens willen, als ein schlechtes Gewissen und möglicherweise Ablehnung durch andere auszuhalten. Doch zu einem guten Selbstwertgefühl gehört es, sich seiner Bedürfnisse und

Möglichkeiten bewusst zu sein und Nein zu sagen zu Dingen, die einen überfordern oder nicht guttun.

Machen Sie sich in Situationen, in denen Sie ein Nein in sich spüren, klar, warum das jetzt gerade so ist, welche Gründe Sie dafür haben. *Es geht darum, Lebensklugheit zu entwickeln, um unterscheiden zu können, wann ein Nein und wann ein Ja angebracht ist. Wann Sie sich beschränken und wann Sie sich herausfordern sollten.*

Nein sagen zu können setzt voraus, dass Sie in der Lage sind, Ja zu sich und Ihren Bedürfnissen zu sagen. Überlegen Sie, was Sie wirklich wollen, und räumen Sie dem Priorität ein, um der Mensch sein zu können, der Sie sein möchten. Lernen Sie, Ja zu sagen und sich das zu sichern, was Sie froh und glücklich macht. Nur so bekommen Sie genug Energie, um die beste Ausgabe Ihrer selbst sein zu können. Ja zu sich selbst sagen heißt, sich als die Person anzuerkennen, die man in diesem Augenblick ist.

ÜBUNG

Die JA-Meditation

- Nehmen Sie sich ein paar Minuten Zeit und suchen Sie sich einen Ort, an dem Sie ungestört sind.
- Finden Sie eine angenehme Sitzposition auf einem Stuhl oder einem Kissen, in der Sie sich sowohl aufrecht und gegenwärtig als auch entspannt fühlen.
- Schließen Sie die Augen und achten Sie auf Ihren Atem. Lassen Sie ihn einfach fließen, so, wie es ganz von selbst geschieht. Sie müssen nichts daran ändern.
- Folgen Sie für ein paar Atemzüge dem gesamten Vorgang des Ein- und Ausatmens.
- Dann konzentrieren Sie sich ein wenig mehr auf das Ausatmen. Atmen Sie ein bisschen länger und tiefer aus als zuvor, aber nur soweit es ohne Anstrengung möglich ist. Konzentrieren Sie sich ganz auf den gegenwärtigen Moment, das Hier und Jetzt.
- Um das Gefühl Ihres Gegenwärtigseins und der Akzeptanz des Augenblicks zu unterstreichen, sagen Sie sich im Stillen das Wort JA: ein unbedingtes JA zu diesem Moment; ein JA zu Ihren Gedanken und Gefühlen; ein JA zu sich selbst, zu der Person, die Sie in diesem Moment sind.
- Nach ein paar Minuten in diesem Bewusstsein beenden Sie die Übung, öffnen die Augen und kehren langsam in Ihren Alltag zurück.

Die beste Ausgabe Ihrer selbst

Vermutlich kennen Sie die beiden Ausgaben Ihrer selbst sehr gut: Die beste zeigt sich diesseits, die schlimmste jenseits des Punkts Ihrer maximalen Aufnahmefähigkeit.
Die beste Ausgabe von sich selbst sind Sie, wenn sich Ihr Nervensystem im Gleichgewicht befindet, wenn Sie weder über- noch unterstimuliert sind. Dann »funktionieren« Sie optimal, sind leistungsfähig und können die Vorteile Ihrer sensitiven Veranlagung am besten zur Geltung bringen. Und Sie spüren, dass Sie ganz Sie selbst sind.
Ist Ihr Nervensystem hingegen überlastet oder erschöpft, werden Sie zur schlechtesten Version Ihrer selbst. Dann reagieren Sie unverhältnismäßig, enttäuschen Ihre eigenen Erwartungen und agieren unter Ihrem Niveau. Vermutlich haben Sie dann gleichzeitig herabsetzende Gedanken über sich, empfinden Schuld und ein schlechtes Gewissen. Sie verlieren die Fähigkeit, die Welt differenziert zu sehen, büßen Ihre Empathie und Energie ein, sind nicht mehr in der Lage, sich anderen Menschen zuzuwenden. Gleichzeitig schämen Sie sich für Ihr Verhalten und Ihre Reaktionen.

Die meisten Menschen neigen dazu, ihr Selbstwertgefühl von der schlechtesten Ausgabe ihrer selbst abzuleiten. Was vollkommen ungerechtfertigt ist, weil sie doch auch ganz anders und viel mehr sein können als das. Und vor allem: Was Sie denken und registrieren, wird zu einem Teil Ihrer Wirklichkeit werden.

Fangen Sie deshalb gleich damit an, Ihr Selbstwertgefühl ausschließlich von der besten Version Ihrer selbst abzuleiten. Lenken Sie Ihre Aufmerksamkeit weg von Ihren vermeintlichen Defiziten, hin zu Ihren positiven Eigenschaften und allen Dingen, die Ihnen gelingen. Das wird Ihr Selbstwertgefühl deutlich stärken.

Viele Menschen haben einen sehr angespannten Alltag mit vielen eingefahrenen Gewohnheiten und festen Abläufen, die das Nervensystem stets aufs Neue belasten. Sie sind daran gewöhnt, in bestimmten Situationen zur schlechten Ausgabe ihrer selbst zu werden, und halten es für einen Automatismus, auf den sie keinen Einfluss haben.

Doch in Wahrheit können Sie sehr wohl bestimmen, welche Version Ihrer selbst Sie gerade sind. Es ist eine Sache der Aufmerksamkeit und des Willens, seine Einstellung zu den eigenen Bedürfnissen und Grenzen zu überdenken und belastende Alltagsgewohnheiten zu ändern.

Die folgende Übung kann Ihnen dabei helfen. Wenn Sie mögen, bitten Sie eine Person, der Sie vertrauen, um ihre Unterstützung, indem sie Ihnen offen und ehrlich sagt, wie sie Sie sowohl in der besten als auch der schlimmsten Version Ihrer selbst erlebt.

ÜBUNG

Die beiden Versionen meiner selbst

Nehmen Sie sich ein paar Minuten Zeit, suchen Sie sich einen ruhigen Ort und notieren Sie die Antworten auf folgende Fragen in Ihr Heft:

Welche Situationen und Gewohnheiten bringen die schlimmste Ausgabe meiner selbst zum Vorschein?

Was denke und fühle ich dann?

Wie verhalte ich mich?

Wie reagieren die anderen auf mich?

Wie fühle ich mich hinterher?

Und welche Situationen und Gewohnheiten bringen die beste Ausgabe meiner selbst zum Vorschein?

Was denke und fühle ich dann?

Wie verhalte ich mich?

Wie reagieren die anderen auf mich?

Wie fühle ich mich hinterher?

Abschließend überlegen Sie:

Beurteile ich mich generell eher nach der schlechtesten oder der besten Version meiner selbst?

Welchen Einfluss hat das auf mein Selbstwertgefühl?

Sind Sie sich manchmal nicht sicher, ob Ihr Nervensystem im Gleichgewicht ist und Sie gerade die beste Ausgabe Ihrer selbst sind? Es gibt eine einfache Methode, das an jedem Ort und zu jeder Zeit zu überprüfen.
Wenn Sie sich im inneren Gleichgewicht befinden, zeigt sich das an drei Faktoren:

- Ihre Gedanken sind ruhig,
- Ihr Herz ist leicht,
- Ihr Körper ist entspannt.

Betrachten Sie dies als Idealzustand, den Sie so oft wie möglich anstreben. Weil Sie, wenn Sie sich ruhig, leicht und entspannt fühlen, die beste Ausgabe Ihrer selbst sind.
Gewöhnen Sie sich an, sich immer wieder im Laufe des Tages zu fragen: »Fühle ich mich ruhig, leicht

und entspannt?« Und falls nicht: »Was kann ich tun, um diesen Zustand herzustellen?«

Das richtige Maß

Wie bereits beschrieben, gehen mit einer hochsensiblen Veranlagung viele positive und sympathische Eigenschaften einher, doch auch diese können belastend und überstimulierend wirken, wenn Sie nicht in der Lage sind, Ihre persönlichen Grenzen zu wahren. *Es kommt immer auf das rechte Maß an, ob ein Wesenszug sich positiv oder negativ auswirkt. Jede Medaille hat zwei Seiten.*

Beispielsweise können Hochsensitive oft besonders gut zuhören. Sie machen die Erfahrung, dass sich andere ihnen gern anvertrauen. Doch wenn Sie sich jederzeit und jedem Menschen gegenüber zum Zuhören verpflichtet fühlen, weil Sie fürchten, andernfalls auf Unverständnis und Ablehnung zu stoßen, verkehrt sich die gute Eigenschaft in eine, die Ihnen das Leben schwer macht. Die Folge ist, dass Sie sich erschöpft, vielleicht auch ausgenutzt fühlen.

Lernen Sie, sich zu distanzieren, bevor es Ihnen zu viel wird. So kann es sehr überstimulierend wirken, wenn Sie Menschen gegenüber keine Grenzen

setzen, die sich ständig nur beklagen oder über andere herziehen. Ein guter Zuhörer definiert sich dadurch, dass er seinem Gegenüber aufmerksam, aufgeschlossen und empathisch zuhört – und das Gespräch freundlich beendet, wenn er spürt, dass es ihm zu viel wird oder nicht guttut. Denn ab dem Moment, wo Sie nur noch unwillig bei der Sache sind, sind Sie nicht mehr mit dem Herzen dabei – und damit auch kein guter Zuhörer mehr.
Das Gleiche gilt für die Hilfsbereitschaft, ebenfalls eine unter Hochsensiblen sehr verbreitete Eigenschaft. Die gute Seite daran: Sie zeugt von einem Menschen, der nicht nur an sich denkt, sondern sich auch für andere und ihr Wohlergehen interessiert. Die Kehrseite: Wenn Sie Ihre eigenen Bedürfnisse unterdrücken und mehr tun, als Ihre Kräfte zulassen, um anderen zu helfen, handeln Sie unklug, denn Sie riskieren Erschöpfung und auf lange Sicht sogar einen Burn-out.
Ein besonders liebenswerter Wesenszug von vielen Hochsensiblen ist ihre Zugewandtheit und ihr Bemühen, stets eine positive Atmosphäre zu schaffen. Dadurch werden unsere zwischenmenschlichen Beziehungen fraglos angenehmer und bereichernder. Allerdings nur so lange, wie sich diese Eigenschaft nicht in ihr Gegenteil verkehrt: wenn das Gefühl, allein verantwortlich zu sein für das Wohl-

ergehen aller, zur Überforderung wird – und der Frust darüber uns zur schlechtesten Ausgabe unserer selbst werden lässt.
Tiefe Gedanken und Reflexionen, wie sie für empfindsame Menschen bezeichnend sind, können in ihrer positiven Ausprägung zu wohlüberlegten Entschlüssen führen, die neue Möglichkeiten eröffnen und das Leben bereichern. Wohingegen negative Gedanken und unbegründete Sorgen Sie herunterziehen und Ihnen Energie rauben können.

ÜBUNG

Plus und Minus: Jede Eigenschaft hat zwei Seiten

- Suchen Sie sich einen ruhigen Ort und nehmen Sie Papier (bzw. Ihr Heft) und Stift zur Hand.
- Erstellen Sie als Erstes eine lange Liste mit all Ihren positiven Eigenschaften. Vergessen Sie nichts.
- Dann notieren Sie, in welchen Situationen Sie die einzelnen Wesenszüge so ausleben, dass sie eine positive Qualität haben (Plus), und in welchen so, dass sie eine negative Qualität haben (Minus).
- Abschließend überlegen Sie sich, was Sie jeweils tun wollen und können, um Minus in Plus zu verwandeln.

Stress vorbeugen

Sensitive Menschen sind aufgrund ihrer Veranlagung besonders anfällig für stressbedingte Erkrankungen, sofern sie nicht auf sich achtgeben. Viele dieser Krankheiten werden schnell chronisch, und man wird sie dann nur schwer wieder los. Daher ist es für Hochempfindsame sehr wichtig, ihr Leben so zu führen, dass stressbedingte Leiden wie beispielsweise Bluthochdruck, Schlafstörungen, nervöse Magen-Darm-Beschwerden oder Spannungskopfschmerzen gar nicht erst auftreten. Erste Anzeichen wie Erschöpfung, Unlust und Antriebslosigkeit sollten auf jeden Fall ernst genommen werden, denn sie können auf lange Sicht in eine Depression münden.

Paradoxerweise kann ihre Veranlagung Hochsensiblen auch dabei helfen, ungesundem Stress vorzubeugen, denn: Studien zeigen, dass sie prädestiniert dafür sind, ein außergewöhnlich reiches und erfülltes Leben zu führen. Gerade weil ihnen äußere Eindrücke so sehr unter die Haut gehen, können positive Wahrnehmungen bei ihnen besonders lange und nachhaltig wirken. So zehren sie beispielsweise länger als andere Menschen von angenehmen körperlichen Berührungen, von Musik- oder Naturerlebnissen wie einem schönen

Sonnenuntergang oder der Gemeinschaft mit Tieren.
Wohlbefinden, Lebensqualität und Selbstwertgefühl hängen von Ihrer Fähigkeit ab, sich dessen zu bedienen, was Ihr Nervensystem nährt und beruhigt. Und diese Fähigkeit wiederum basiert auf Ihren Gewohnheiten und Verhaltensmustern, der Art und Weise, wie Sie über sich und das Leben denken, wie Sie fühlen und handeln.
Entsprechend gibt es kluge und unkluge Denk- und Handlungsgewohnheiten; solche, die uns nützen, und solche, die uns schaden. Viele Menschen sind zum Beispiel nicht in der Lage, im Laufe eines hektischen Arbeitstags auf ihr Wohlbefinden zu achten. Sie stürzen sich atemlos von einer Aktivität in die nächste, erledigen alles im letzten Augenblick und gönnen sich zwischendurch nicht die notwendigen Pausen. Dabei überhören sie die inneren Signale, dass sie sich den Grenzen ihrer Aufnahmefähigkeit nähern, und werden so ein ums andere Mal zur schlechtesten Ausgabe ihrer selbst. Das ist definitiv eine unkluge Gewohnheit, denn sie schadet der Person. In der Hektik kann es sich für uns anfühlen, als hätten wir keine andere Wahl, als uns so zu verhalten. Doch das stimmt nicht. Wir haben es jederzeit selbst in der Hand, was wir tun und was nicht. Wir können unsere Gewohnheiten ändern.

Aber dazu müssen wir uns bewusst sein, welche unserer Denk- und Verhaltensmuster uns guttun und welche nicht. Haben Sie schon einmal darüber nachgedacht, warum Sie Ihre unklugen Gewohnheiten entwickelt haben? Werden Sie beispielsweise von dem Wunsch beherrscht, dass andere eine bestimmte Meinung über Sie haben sollen? Dass Sie bei allen beliebt sein und nie verlassen werden wollen? Tun Sie Dinge, nur um anderen zu gefallen oder deren Erwartungen zu erfüllen? Oder um Kritik, Geringschätzung, Zorn, Schweigen oder atmosphärische Störungen zu vermeiden? Fürchten Sie, abgelehnt zu werden, wenn Sie sich anders verhalten? Falls dies der Fall ist, bezahlen Sie für die Gemeinschaft mit anderen einen hohen Preis. Haben Sie sich schon mal überlegt, welche Konsequenzen das für Ihre Lebensqualität, Ihre Energie und Ihr Selbstwertgefühl hat?

ÜBUNG

Meine klugen und unklugen Gewohnheiten

Nehmen Sie sich etwas Zeit und überdenken Sie Ihre täglichen Gewohnheiten. Tragen Sie die Antworten in Ihr Heft ein.

Welche davon tun Ihnen gut und haben sich in Ihren Augen bewährt? Das sind Ihre klugen Gewohnheiten.

Und welche Ihrer Gewohnheiten machen Ihnen das Leben eher schwerer als leichter, haben sich also nicht bewährt? Das sind Ihre unklugen Gewohnheiten.

Wie könnten Sie Ihre unklugen Gewohnheiten aufgeben bzw. durch kluge ersetzen? Falls Ihnen allein der Gedanke daran, Ihre Gewohnheiten zu ändern, schwerfällt, überlegen Sie sich, was genau Sie daran *hindert*. Seien Sie so ehrlich wie möglich.

Manche Menschen strahlen fast immer eine große Zufriedenheit und innere Ruhe aus, ganz gleich, wie viel sie um die Ohren haben. Andere hingegen geraten bei der geringsten Störung aus dem Gleichgewicht.

Für jeden von uns müssen bestimmte Voraussetzungen erfüllt sein, damit wir uns wohlfühlen und in unserer Mitte sind. Je mehr diese damit zu tun haben, wie andere Menschen sich verhalten oder wie die Umstände sind – also Dinge, die wir nicht kontrollieren können –, desto instabiler ist unsere innere Balance und desto angreifbarer sind wir in unserem Wohlbefinden.
Daher ist es eine gute Übung, sich einmal Gedanken darüber zu machen, welchen – oftmals unbewusst aufgestellten und bislang noch nie hinterfragten – Regeln wir unser inneres Gleichgewicht unterwerfen.

ÜBUNG

Was brauche ich, um mich wohlzufühlen?

Im Folgenden finden Sie eine Übersicht über häufige Gründe, warum wir uns nicht gut fühlen. Kreuzen Sie an, welche auf Sie zutreffen, und ergänzen Sie die Liste bei Bedarf. Sie können die Antworten auch wieder in Ihrem Heft notieren.

Ich fühle mich unwohl, wenn:

- ❑ Menschen mich nicht mögen oder schlecht über mich reden.
- ❑ ich mich anders als die anderen fühle.
- ❑ ich mich nicht verstanden fühle oder andere nicht meiner Meinung sind.
- ❑ ich kritisiert werde.
- ❑ jemand entdeckt, dass ich einen Fehler gemacht habe.
- ❑ ich nicht so leistungsfähig bin wie andere.
- ❑ ______________________________
- ❑ ______________________________

Und nun notieren Sie die Voraussetzungen, die erfüllt sein müssen, damit es Ihnen gut geht und Sie sich wohlfühlen.

- ❑ ______________________________
- ❑ ______________________________

Überlegen Sie, von welchen Faktoren Sie Ihr Wohlergehen und Ihr inneres Gleichgewicht in erster Linie abhängig machen? Von anderen Menschen oder den Umständen? Oder von sich selbst?

- ❑ ______________________________
- ❑ ______________________________

Wenn überwiegend die Meinungen und Reaktionen anderer über unser Wohlbefinden bestimmen, entwickeln wir automatisch unzweckmäßige Verhaltensmuster: Wir versuchen zu gefallen, einen bestimmten Eindruck zu erzeugen und reden anderen nach dem Mund, statt auf uns selbst zu hören und unsere eigenen Ansichten zu vertreten. Das Paradoxe daran ist, dass es uns trotz unserer Bemühungen nicht gelingt, auf diese Weise unser Wohlbefinden zu verbessern, weil wir uns dabei immer weiter von uns selbst entfernen und uns immer weniger spüren.
Der Ausweg aus dieser Situation besteht darin, zu uns selbst zu stehen – und die anderen sein zu lassen, wie sie sind. Was immer unsere Mitmenschen von uns denken, es ist allein ihre Sache und sagt nichts über unseren tatsächlichen Wert aus. Genauso wenig sind andere Menschen dafür verantwortlich, wie wir uns fühlen und wie wir unseren Selbstwert definieren. Das liegt allein in unserer Hand. Das gilt es sich immer wieder aufs Neue klarzumachen, wenn wir uns in einer Situation unwohl fühlen.

Erwartungen hinterfragen

Sensitive Menschen neigen zu übersteigerten Erwartungen an sich selbst. Vielleicht erwarten ja auch Sie von sich, jederzeit fehlerfrei und vollkommen zu sein. Und möglicherweise trifft Sie genau deshalb auch Kritik von außen besonders hart, weshalb Sie sich sowohl im Beruf als auch im Familienleben umso mehr ins Zeug legen.

Es ist grundsätzlich nichts Falsches daran, viel von sich selbst zu erwarten, Neues lernen, sich verbessern und entwickeln zu wollen. Natürlich sollen Sie Ihr Bestes geben, aber eben keine Wunderdinge von sich erwarten. Wenn die Erwartungen so hoch gesteckt sind, dass Sie nur noch auf Ihre Fehler und Defizite konzentriert sind und kaum eine Chance haben, auch mal zufrieden mit sich zu sein, sind Sie über das Ziel hinausgeschossen. Der Eindruck, nicht gut genug zu sein, ist ein starker Stressfaktor und untergräbt auf Dauer jedes gesunde Selbstwertgefühl.

Tatsache ist, dass niemand perfekt ist. Fehler und Unvollkommenheiten gehören zum Menschsein dazu. Kennen Sie einen einzigen Menschen, der absolut fehlerfrei ist? Höchstwahrscheinlich nicht.

Wie wäre es, wenn Sie ab jetzt ein klein bisschen weniger von sich erwarten würden? Es würde ganz sicher Ihren Stress reduzieren und Ihnen mehr Möglichkeit zur Entspannung geben, wenn Sie sich gestatten würden, hin und wieder auch Fehler machen zu dürfen. Entscheiden Sie, wie viel Prozent an Fehlern Sie sich in Zukunft zugestehen wollen: 10, 15 oder 20 Prozent? Gleichzeitig rufen Sie sich alles ins Bewusstsein, was bereits gut genug ist. Und was gut genug ist, bestimmen Sie selbst! Das mag sich ein wenig seltsam anhören, ist aber ein gutes Mittel, um etwas weniger streng mit sich selbst zu sein.

Übersprunghandlungen

Wer kennt so etwas nicht: Eigentlich müsste dringend das Meeting für heute Nachmittag vorbereitet und der überfällige Anruf im Personalbüro erledigt werden, außerdem wartet der Chef auf unseren Monatsbericht und die Kollegin auf eine Information. Am liebsten würden wir alles gleichzeitig und natürlich perfekt erledigen. Doch was tun wir stattdessen? Erst mal der Blume auf dem Schreibtisch neues Wasser geben … Bei Übersprunghandlungen ist man sich bewusst, was man eigentlich tun sollte, macht dann aber etwas ganz anderes. Daher können sie die Ursache für einen ständigen inneren Druck sein, der uns im Alltag stresst und überstimuliert.

Der Grund für Übersprunghandlungen liegt in der Regel in der Vielzahl von Plänen im Verhältnis zur gegebenen Zeit und den Erwartungen an uns selbst. Man kann sie also als eine Art unbewussten Schutz in Konfliktsituationen verstehen. Menschen mit einem Mangel an Selbstwertgefühl neigen zu Übersprunghandlungen, denn sie fühlen sich häufig unsicher in Bezug darauf, ob sie die anstehenden Aufgaben auch gut genug erledigen werden. Sie brauchen den Zeitdruck einer Deadline, um eine konkrete Aufgabe abzuschließen. Denn dann entscheidet die Deadline, wann ein Auftrag fertig ist. Die Betroffenen wissen intuitiv, dass sie – selbst wenn sie rechtzeitig anfangen – noch so viel ändern und verbessern, dass sie so oder so erst im letzten Moment fertig werden. Ihre Unsicherheit, was sie zu leisten imstande sind, setzt sie unter Stress, ganz gleich, ob sie früher oder später anfangen.

Auch Menschen, die Schwierigkeiten haben, sich zu entscheiden und Beschlüsse zu fassen, neigen zu Übersprunghandlungen. Sie tun alles andere als das, was gerade ansteht, um eine anstehende Entscheidung möglichst lange hinauszuschieben – und damit das Risiko, sich für das Falsche zu entscheiden. Manche gehen in diesem Wunsch so weit, dass sie Fristen versäumen oder so lange warten, bis ihnen ein anderer die Entscheidung abnimmt.

Übersprunghandlungen zeigen uns, dass wir unter Stress stehen. Da hilft nur eines: Machen Sie sich klar, was Sie unter Druck setzt – und überlegen Sie sich konkrete Strategien, um Stress abzubauen oder ihn am besten gar nicht erst aufkommen zu lassen. Sagen Sie sich und anderen rechtzeitig, wann es Ihnen zu viel wird. Planen Sie für Ihre Aufgaben genügend Zeit ein. Und achten Sie auf ausreichende Pausen, um rechtzeitig neue Energie zu tanken.
Menschen mit hochsensibler Veranlagung neigen dazu, sich zu viel Verantwortung aufzubürden. Und wenn sie es nicht schaffen, ihren hochgesteckten Erwartungen gerecht zu werden, betrachten sie das als ihre eigene Schuld und schämen sich dafür. Aber die ganze Welt auf seinen Schultern tragen zu wollen ist ein enormer Stressfaktor. Es ist eine große Aufgabe, die Erwartungen an sich selbst auf ein realistisches Niveau herunterzuschrauben.

Vielleicht empfinden Sie schon in Alltagssituationen eine innere Unruhe und fühlen sich unter Druck, was sich auch als körperliche Anspannung bemerkbar machen kann. Wenn Sie wissen, welche Situationen diesen Druck auslösen, können Sie gezielt Ihre Gewohnheiten und Gedanken darüber ändern.

ÜBUNG

Was setzt mich unter Druck?

Nehmen Sie sich ein paar Minuten Zeit und ziehen Sie sich an einen ungestörten Ort zurück. Überlegen Sie, welche Situationen und/oder Menschen Ihnen Stress und inneren Druck machen.
Notieren Sie Ihre Stressauslöser in Ihrem Heft.

Pausen sind sinnvoll genutzte Zeit

Um sich Ihre positive Energie zu bewahren, sind regelmäßige und ausreichende Pausen unerlässlich – und zwar, bevor Sie völlig erschöpft und ausgelaugt sind.
Heutzutage ist es an vielen Arbeitsplätzen nicht mehr üblich, gemeinsame Pausen einzulegen. Im Gegenteil: Wer den ganzen Tag über ein konstant hohes Tempo beibehält, gilt als besonders motiviert und produktiv. So trauen sich viele Menschen nicht mehr, Pausen zu machen, weil die Kollegen es auch nicht tun. Nicht selten fühlen sie sich schwach und nicht belastbar, weil sie das Bedürfnis verspüren, innezuhalten und sich Ruhe zu gönnen. Oder

sie fürchten um ihren Job, weil ihre Vorgesetzten den Eindruck haben könnten, sie würden nicht genug leisten.

Das Gegenteil ist der Fall: Studien haben bewiesen, dass Menschen, die bei der Arbeit regelmäßig Pausen einlegen und auch soziale Kontakte zu den Kollegen pflegen können – zum Beispiel bei einem kurzen Plausch in der Kaffeeküche –, deutlich leistungsfähiger sind als diejenigen, die ohne Unterbrechung durcharbeiten.

Konkret heißt das: Legen Sie alle anderthalb bis zwei Stunden eine kürzere Pause ein sowie eine mindestens 30-minütige nach vier Stunden Arbeit, etwa um in Ruhe etwas zu essen. Dazu sollten kurze Unterbrechungen circa alle 45 Minuten kommen, in denen Sie einfach ein paar achtsame Atemzüge nehmen, für einen Moment die Augen schließen oder langsam ein Glas Wasser trinken. Diese Mini-Pausen müssen für Ihre Kollegen gar nicht als solche erkennbar sein.

Unterschätzen Sie vor allem die Auswirkungen der kleinen Unterbrechungen zwischendurch auf Ihr inneres Gleichgewicht nicht. Regelmäßig durchgeführt, sind sie ein außerordentlich effektives Mittel, um Erschöpfung und Überstimulierung vorzubeugen.

TIPPS FÜR KURZE VERSCHNAUFPAUSEN ZWISCHENDURCH

- **Den Körper entspannen**
  Setzen Sie sich aufrecht hin und schließen Sie die Augen. Richten Sie die Aufmerksamkeit auf Ihren Körper. Spüren Sie in sich hinein: Wo genau können Sie Spannung fühlen? Nun sagen Sie sich im Stillen, während Sie ein- und ausatmen: »Ich atme ein und beruhige meinen Körper – ich atme aus und lächle.«
  Schon nach kurzer Zeit werden Sie spüren, wie Ihr Nervensystem zur Ruhe kommt und Ihr Körper sich entspannt. Bleiben Sie ein paar Minuten lang so sitzen und tanken Sie neue Energie.

- **Musik hören**
  Auch leise und sanfte Töne können sehr beruhigend auf das Nervensystem wirken. Laden Sie sich ein paar Stücke, die Sie als angenehm und entspannend empfinden, auf Ihr Handy und gönnen Sie sich zwischendurch kurze Auszeiten, in denen Sie Ihrer Lieblingsmusik lauschen.

- **Zeitpuffer einbauen**
  Bevor Sie in ein Meeting oder zu einem Termin gehen oder eine schwierige neue Aufgabe beginnen, stellen Sie den Wecker Ihres Handys auf zwei Minuten und gönnen Sie sich eine kurze Pause, in der Sie die Augen schließen und sich bewusst entspannen.

Haben Sie doch einmal die Grenze Ihrer maximalen Aufnahmefähigkeit überschritten, bedarf es natürlich mehr als einer kurzen Pause, um Sie wieder ins Gleichgewicht zu bringen. Dann sollten Sie sich mindestens 20 Minuten am Stück gönnen, um neue Energie zu tanken: Legen oder setzen Sie sich bequem hin und entspannen Sie Körper und Geist. Es muss nicht vollkommen still sein, aber zumindest so leise, dass Sie nicht das Gefühl haben, auf die Geräusche in Ihrer Umgebung reagieren zu müssen. Benutzen Sie eventuell Ohrstöpsel. Auch wenn es Ihnen schwerfällt, sich zu entspannen, während Sie viel um die Ohren haben: Tun Sie es trotzdem.
Am besten machen Sie es sich zur Gewohnheit, sich auch an den Tagen, an denen Sie sich nicht ausge-

laugt fühlen, 20 Minuten Entspannung zu gönnen – vielleicht immer gleich dann, wenn Sie abends nach Hause kommen. Wenn Sie das regelmäßig praktizieren, wird es Ihnen leichter fallen, sich zu entspannen, wenn Sie einmal über die Grenze Ihrer maximalen Aufnahmefähigkeit hinausgelangt sind. Machen Sie doch einmal den Versuch und halten Sie zum Beispiel in den nächsten 14 Tagen an dieser Gewohnheit fest – und achten Sie darauf, wie sie sich auf Ihre Lebensqualität und Ihre zwischenmenschlichen Beziehungen auswirkt. *Vielen Menschen fällt es schwer, sich ohne schlechtes Gewissen ausreichend Auszeiten zuzugestehen. Wenn dies auf Sie zutrifft, machen Sie sich klar, dass nicht nur Sie selbst, sondern auch Ihr gesamtes Umfeld davon profitiert, wenn Sie im Gleichgewicht und die beste Ausgabe Ihrer selbst sind. Sehen Sie Ihre Ruhepausen als das, was sie sind: Investitionen in Ihr Wohlbefinden und das Ihrer Familie, Freunde und Kollegen.*

Machen Sie es sich zur Gewohnheit, jeden Tag gut für sich zu sorgen. Das ist der beste Schutz vor Stress und Überstimulierung und gibt Ihnen ausreichend innere Ruhe und Energie, um auch in schwierigeren Situationen die Nerven zu behalten.

BESTANDSAUFNAHME

Wie gut sorge ich für mich?

Beantworten Sie folgende Fragen mit Ja oder Nein:

Sorge ich jeden Tag für ausreichend Entspannung?

❏ Ja ❏ Nein

Bekomme ich genug Schlaf?

❏ Ja ❏ Nein

Plane ich regelmäßig Pausen (und halte sie auch ein!), *bevor* ich müde und erschöpft bin?

❏ Ja ❏ Nein

Kann ich Nein sagen zu Dingen, die mir nicht guttun, und stattdessen Dinge bevorzugen, die mein Nervensystem nähren und beruhigen?

❏ Ja ❏ Nein

Je häufiger Sie eben »Nein« gesagt oder gedacht haben, desto wichtiger ist es, dass Sie lernen, ausreichend Ruhepausen und Oasen, der Entspannung und Lebensfreude in Ihren Alltag zu integrieren. Als hochsensible Person besitzen Sie eine ausgeprägte Intuition – auch dafür, was Sie brauchen und was Ihnen guttut. Nutzen Sie diese und entwickeln Sie Ihr individuelles Selbstfürsorge-

Programm. Damit stärken Sie nicht nur Ihr Nervenkostüm, sondern auch Ihr Selbstwertgefühl. Hier ein paar Erholungs-Basics, die Sie auf jeden Fall einbauen sollten:

- Nehmen Sie sich jeden Tag Zeit für sich – zum Meditieren, Spazierengehen oder einfach zum Ausruhen.
- Gehen Sie mindestens einmal pro Woche früh ins Bett. Ausreichend erholsamer Schlaf ist eine wesentliche Grundlage, um den Alltag zu bewältigen, und hat daher besonders für hochsensible Menschen oberste Priorität. Und: Ausgeruht finden Sie auch einen leichteren Zugang zu dem Positiven in sich. Bedenken Sie, dass Ihnen die Schlaf- und Erholungszeit *nicht* für andere Dinge fehlen wird; im Gegenteil, Sie »verschenken« viel Zeit, wenn Sie überstimuliert sind. Wenn Sie Ein- oder Durchschlafprobleme haben, kann das daran liegen, dass Sie sich vor dem Zubettgehen nicht genug Zeit genommen haben, die Eindrücke des Tages zu verarbeiten. Oder Sie haben Ihre Müdigkeitssignale überhört und sind zu lange aufgeblieben.
- Praktizieren Sie regelmäßig »Digital Detox«: Schalten Sie zwischendurch für eine definierte Zeit Ihr Handy, den Computer, Fernseher oder das Radio aus. Legen Sie Ihre eigenen Regeln

fest: Zum Beispiel könnten Sie sich vornehmen, nach 21 Uhr nicht mehr ans Telefon zu gehen und auch keine E-Mails und SMS mehr zu lesen und zu schreiben. Das Gleiche gilt für Werbung und unerbetene Informationen, mit denen wir regelrecht bombardiert werden, sei es im Internet, beim Zeitunglesen, in Bus und Bahn, im Supermarkt und am Arbeitsplatz. Lernen Sie, sich dagegen zu wappnen. Unterscheiden Sie, was wichtig für Sie ist und was nicht – und lassen Sie Letzteres einfach an sich vorüberziehen. Machen Sie sich keine Sorgen, Sie könnten dadurch etwas Wichtiges verpassen. Wenn Sie nichts verpassen wollen, entgeht Ihnen das Wichtigste – Ihre Gegenwärtigkeit.

- Planen Sie Ihre Pausen im Voraus und tragen Sie sie in Ihren Kalender ein.
- Gönnen Sie sich mindestens einen freien Tag pro Woche – beispielsweise den Sonntag –, an dem Sie keinerlei Pflichten nachkommen müssen und nicht unter Zeitdruck stehen, an dem Sie nach Herzenslust ausschlafen oder früh ins Bett gehen können, viel Zeit für Ihre Lieben haben, für Ausflüge, Gespräche, Lektüre, Kunst und Musik.
- Nehmen Sie sich mindestens viermal im Jahr eine Woche am Stück frei.

Wenn Sie gerade sehr gestresst sind, finden Sie den Gedanken an einen freien Tag möglicherweise nicht besonders anziehend. Aufgrund der vielen Gedanken, die Sie beschäftigen, fällt es Ihnen vielleicht schwer »herunterzukommen« und Sie fühlen sich alles andere als *ruhig*, *leicht* und *entspannt*. Lassen Sie sich dadurch bitte nicht davon abhalten, gut für sich zu sorgen und regelmäßig zu entspannen. ***Gerade wenn Sie unter Druck sind, brauchen Sie Ruhepausen umso nötiger, um Ihre Aufgaben so gut wie möglich abzuarbeiten und dabei die beste Ausgabe Ihrer selbst zu sein. Ein buddhistisches Sprichwort sagt: »Wenn du es besonders eilig hast, mache einen Umweg.«***

Überstimulierung konstruktiv begegnen

Jeder Mensch fühlt sich manchmal überstimuliert, gestresst und erschöpft. Hochsensible erreichen diesen Zustand aber schneller als andere. Sie können nicht vermeiden, hin und wieder überstimuliert zu werden, wenn sie ein aktives, tatkräftiges und sinnvolles Leben führen wollen.
Hochsensitive Menschen sind keineswegs automatisch schüchtern und zurückhaltend. Im Gegenteil:

Ein Drittel von ihnen ist sogar ausgesprochen offen und neugierig auf neue Erfahrungen, Orte, Personen und Aktivitäten. Zugleich haben sie ein großes Bedürfnis nach Rückzug und Reflexion.

Wenn Sie zu diesem Personenkreis gehören, stellt Sie das hinsichtlich Überstimulierung vor eine besondere Aufgabe, weil Sie zugleich einen Fuß auf dem Gaspedal und den anderen auf der Bremse haben. Sie geben Gas, neuen Erlebnissen entgegen, und bremsen im nächsten Moment, weil Sie aus Erfahrung wissen, dass es Ihnen schnell zu viel wird. Das kann sich anfühlen, als würden zwei Stimmen in Ihnen um die Vorherrschaft kämpfen: Die eine will hinaus und etwas erleben, die andere alles in Ruhe erledigen, genug Zeit zum Nachdenken und zur Reflexion haben. Daraus ergibt sich gewissermaßen ein ständiges inneres Streitgespräch. Ihre Aufgabe besteht darin, beide Seiten zufriedenzustellen und keine von ihnen zu bevorzugen.

Manche Menschen mit sensitiver Veranlagung haben eine wenig differenzierte Vorstellung davon, was sie zu leisten imstande sind. Dabei ist es wichtig, seine Möglichkeiten und Begrenzungen zu kennen. Diese können von Tag zu Tag durchaus variieren. An manchen Tagen ist man belastbarer als an anderen. An einem Tag fühlt man sich nach vier Stunden überstimuliert, am nächsten Tag erreicht

man diesen Zustand womöglich schon nach einer halben Stunde.
Dabei spielen viele Faktoren eine Rolle – vom Geräuschpegel, dem man ausgesetzt ist, über die allgemeine Stimmung bis hin dazu, wie viel Interesse man einer Sache entgegenbringt, ob es Störungen von außen gibt und in welcher Verfassung man gerade ist. Vor allem Müdigkeit kann dazu führen, dass wir uns besonders schnell überstimuliert fühlen.
Es ist wichtig, die eigenen Möglichkeiten nicht zu überschätzen – aber auch nicht zu unterschätzen, denn sonst laufen Sie Gefahr, interessante und aufbauende Erlebnisse zu versäumen.
Denken Sie daran, dass schon die Erwartung einer kommenden Reizüberflutung überstimulierend wirken kann. Dem lässt sich vorbeugen, indem Sie sich im Vorfeld überlegen, wie Sie Ihr Nervensystem im Falle einer Überreizung wieder beruhigen können.
Es geht nicht darum, jeder möglichen Überstimulierung von vornherein aus dem Weg zu gehen, indem man sich isoliert. Es geht vielmehr darum, ungünstige Gewohnheiten und Verhaltensweisen im Umgang mit einer Reizüberflutung abzulegen. Sich belastenden Momenten rechtzeitig zu entziehen ist manchmal klug und notwendig. Ebenso wesentlich ist jedoch zu lernen, mit belastenden

Situationen so umzugehen, dass wir an Dingen partizipieren können, die uns wichtig sind und uns mit Freude und Energie erfüllen.

Hochsensible Personen fühlen sich oft zu Tätigkeiten hingezogen, in denen sie viel mit anderen Menschen zu tun haben, und bringen aufgrund ihrer Sensitivität hierzu auch gute Voraussetzungen mit. Das kann dazu führen, dass sie in ihrem Arbeitsalltag häufig Überstimulation ausgesetzt sind. Der Gedanke, sich ein Arbeitsumfeld zu suchen, das einen weniger erschöpft und auslaugt, mag da auf den ersten Blick naheliegend erscheinen. Aber ein Job ohne jegliche Herausforderung wird vermutlich bald langweilig – und Unterforderung ist ebenfalls ein nicht zu unterschätzender Stressfaktor.

Vielmehr geht es darum zu lernen, die Herausforderungen zu meistern. Das gelingt, indem Sie bewusst Gewohnheiten in Ihrem Leben etablieren, die ein stabiles inneres Gleichgewicht schaffen:

- Planen Sie genug Zeit für sich selbst ein, Phasen ohne Zeitdruck, in denen niemand etwas von Ihnen erwartet – weder privat noch beruflich. Nutzen Sie diesen Freiraum, um sich auszuruhen oder für positive Erlebnisse. Das kann ein Spaziergang in der Natur sein, ein Sport, den Sie gerne ausüben, ein Theaterbesuch, Tagebuchschreiben, Musikhören, der Austausch mit der Familie oder Freunden – alles, was Ihnen Freude macht und Sie entspannt.

- Legen Sie sich mindestens zweimal im Jahr Rechenschaft ab, wie Sie Ihr Leben führen. Gehen Sie Ihre Arbeitsabläufe durch und machen Sie sich Gedanken, wie es weitergehen soll. Nehmen Sie sich ausreichend Zeit, sich klarzumachen, was genau Sie momentan privat oder bei der Arbeit stresst, ermüdet und auslaugt. Dann überlegen Sie, was Sie ändern und verbessern können. Vielleicht gibt es auch eine ganz neue Richtung, die Sie einschlagen mögen?
- Akzeptieren Sie, dass sich in einem aktiven Leben eine gewisse Überstimulierung dann und wann nicht vermeiden lässt, und freuen Sie sich, dass es im Gegenzug so vieles gibt, wovon Sie profitieren und wofür Sie dankbar sein können.

LÄRM – FÜR HOCHSENSIBLE EINE BESONDERE HERAUSFORDERUNG

Die meisten sensitiven Menschen schätzen Ungestörtheit und Stille und haben ein großes Bedürfnis danach. Störender Lärm, den sie nicht

beeinflussen können, kann sie leicht überstimulieren und so zum Stress werden. Dabei entscheidet die Art und Weise, wie wir uns zu Lärm verhalten, darüber, wie stark er uns beeinträchtigt. Darauf zu hoffen, dass andere unser erhöhtes Ruhebedürfnis verstehen und jederzeit darauf Rücksicht nehmen, ist unrealistisch. Es ist nichts dagegen einzuwenden, sich gegen Ruhestörungen zur Wehr zu setzen, doch es ist ebenfalls wichtig zu lernen, die äußeren Umstände zu akzeptieren, die wir nicht ändern können – mit Akzeptanz und Geduld. Es verschafft uns innere Ruhe, wenn wir aufhören, das kontrollieren zu wollen, was sich nicht kontrollieren lässt.
Das heißt: Überlegen Sie sich, was Sie tun können, um die Lärmbelästigung für Sie erträglicher zu machen, und tun Sie es. Mit dem Rest, auf den Sie keinen Einfluss haben, verfahren Sie am besten so, wie der Buddhismus es lehrt: Üben Sie sich darin, die innere Ruhe zu wahren, ganz gleich, von welchen Geräuschen Sie umgeben sind. Trainieren Sie die Fähigkeit, diese auf Distanz zu halten, und vermeiden Sie es, eins mit Ihren Gedanken und Gefühlen zu werden. Achtsamkeit ist eine inzwischen auch im Westen bestens eingeführte Methode auf dem Weg dahin.

Achtsamkeit auf Gedanken und Gefühle

Achtsamkeit ist eine großartige Praxis und für alle Menschen geeignet, vor allem aber für jene mit sensitiver Veranlagung, denn: Die beste Methode, die eigene Empfindsamkeit zu schützen, besteht darin, im Hier und Jetzt gegenwärtig zu sein und der Neigung entgegenzuwirken, automatisch auf äußere Reize zu reagieren.

Achtsamkeit ist bewusste Gegenwärtigkeit – die Fähigkeit, vollkommen im Augenblick präsent zu sein und die Dinge so zu registrieren und urteilsfrei anzunehmen, wie sie sind: mit Offenheit, Geduld und Freundlichkeit.

Mit dieser einfachen und effektiven Methode können Sie Reizüberflutung vorbeugen und gleichzeitig lernen, mit unvermeidbaren potenziell überstimulierenden Situationen umzugehen. Sie werden in die Lage versetzt, Ihr Gedankenkarussell anzuhalten und immer wieder zum gegenwärtigen Augenblick zurückzukehren.

Mithilfe von Achtsamkeit wird es Ihnen immer besser gelingen, die kleinen Stimmungsschwankungen in Ihrem Innern wahrzunehmen, die Ihnen sagen, dass Sie sich nicht mehr richtig wohlfühlen und der Grenze Ihrer Aufnahmefähigkeit nähern.

Das Herzstück der Achtsamkeit ist die Aufmerksamkeit auf den Atem. Er ist der Anker, mit dessen Hilfe wir immer wieder zum gegenwärtigen Augenblick zurückkommen können. Jedes Mal, wenn Sie das Gefühl haben, die Konzentration auf den Augenblick zu verlieren, vergegenwärtigen Sie sich Ihren Atem – Einatem, Ausatem –, und schon sind Sie im Hier und Jetzt.

Bei der Achtsamkeit gibt es kein Richtig oder Falsch. Es geht einzig und allein darum, das wahrzunehmen, was ist – ohne es zu bewerten oder eine Veränderung herbeiführen zu wollen. Im gegenwärtigen Moment zu sein und ihn voll und ganz so zu akzeptieren, wie er ist. Das hört sich einfach an, aber wenn Sie einmal Achtsamkeit praktizieren, werden Sie schnell feststellen, dass wir mit unseren Gedanken in der Regel entweder über Vergangenem brüten oder Tagträumen von einer besseren Zukunft nachhängen. Lediglich in der Gegenwart befinden wir uns sehr selten, obwohl sich allein in ihr unser Leben abspielt. Nur hier und jetzt können wir Entscheidungen treffen, handeln, unser Leben beeinflussen.

Dabei bedeutet das Prinzip der Akzeptanz nicht, dass wir negativen Dingen oder unserer Zukunft gleichgültig gegenüberstehen und nicht nach sinnvoller Veränderung und Weiterentwicklung streben. Aber um unsere Befindlichkeit und die äußeren Umstände urteilsfrei wahrzunehmen – und auf dieser Grundlage kluge Entscheidungen für die Zukunft zu treffen –, brauchen wir das Gegenwärtigsein im Augenblick.

Mit der Achtsamkeit ist es wie mit unserer Muskulatur: Sie muss regelmäßig trainiert werden, um stark zu sein. Häufige kurze Übungseinheiten bringen mehr als lange Sitzungen in großen Abständen. Ich empfehle für den Anfang, an fünf Tagen pro Woche jeweils zehn Minuten zu üben.

ÜBUNG

Achtsames Sitzen

- Suchen Sie sich einen ruhigen Ort, an dem Sie ungestört sind. Wenn Sie mögen, stellen Sie sich einen Wecker auf zehn Minuten.
- Finden Sie eine bequeme aufrechte Sitzposition, entweder auf einem Stuhl, einem Kissen oder Meditationsbänkchen, und schließen Sie die Augen.
- Spüren Sie in Ihren Körper hinein, wie Sie dasitzen, jetzt, in diesem Moment. Befreien Sie sich von dem

Gedanken, in den nächsten Minuten irgendetwas tun oder leisten zu müssen.

- Konzentrieren Sie sich auf Ihren Atem: Beim Einatmen nehmen Sie wahr, wie die Luft durch Ihre Nase einströmt, wie sich Ihr Brustkorb weitet und die Bauchdecke hebt; beim Ausatmen spüren Sie, wie sich die Bauchdecke wieder senkt, der Brustkorb sich zusammenzieht und die Luft durch Nase oder Mund ausströmt.
- Wenn sich Gedanken, Gefühle oder Sinneseindrücke einstellen, was unweigerlich passieren wird: Nehmen Sie sie einfach nur wahr, ohne sich auf sie einzulassen, sie zu bewerten oder sich darüber zu ärgern. Lassen Sie sie einfach vorüberziehen wie Wolken am Himmel und kehren Sie mit Ihrer Aufmerksamkeit wieder zurück zum Strom Ihres Atems. Widmen Sie sich seiner Wahrnehmung mit Neugier und Offenheit. Jeder Atemzug ist einzigartig. Sie brauchen nichts zu tun, nichts zu verändern. Alles ist gut, wie es ist.
- Wenn der Wecker klingelt oder Sie das Gefühl haben, dass es genug ist, beenden Sie die Übung, indem Sie die Augen öffnen, und kehren Sie langsam wieder in den Alltag zurück.

Das Ziel von Übungen wie dieser ist, dass Sie zunehmend im täglichen Leben Achtsamkeit entwickeln, auch und besonders in schwierigen Situationen. Versuchen Sie daher, auch außerhalb der

Übungszeit immer mal wieder ein paar bewusste Atemzüge zu nehmen oder kurz innezuhalten und sich zu fragen: Was denke, fühle, spüre ich jetzt gerade?
Ich habe schon viele Menschen in Achtsamkeit unterwiesen, und es ist wirklich beeindruckend zu erleben, wie sehr sich diese einfache und effektive Methode eignet, innere Ruhe und Balance zu erlangen – selbst wenn man zuvor überstimuliert war. Eine gründliche Einführung in die Achtsamkeit und wie Sie diese Methode in Ihren Alltag integrieren können, finden Sie in meinem Buch *Seelenschutz für Hochsensible* (Scorpio 2016).

Welche Gedanken tun gut – und welche nicht?

Hochsensible Menschen sind meist besonders nachdenklich und tiefgründig. Sie brauchen viel Zeit zur Reflexion und zum Bearbeiten ihrer Eindrücke. Haben Sie auch schon mal von anderen gehört, Sie sollten doch einfach mal weniger grübeln? Wenn das so einfach wäre.
Die Kunst besteht darin, zu akzeptieren, dass Sie die Fähigkeit besitzen, in die Tiefe zu gehen. Das ist an sich weder positiv noch negativ – solange Sie sich damit das Leben nicht unnötig schwer machen. Achtsamkeit hilft Ihnen dabei zu unterschei-

den, welche Gedanken Ihnen guttun und welche nicht.

Schreiben ist eine gute Methode, um Klarheit über das, was einen beschäftigt, zu gewinnen. Schaffen Sie sich ein Notizbuch an, in das Sie regelmäßig eintragen, was Sie beschäftigt. Beim Schreiben haben Sie Gelegenheit, die Dinge bis zum Ende zu durchdenken, weil es Zeit braucht, sie schriftlich zu formulieren.

Wichtig ist, dass Sie sich immer wieder bewusst machen: Gedanken sind *nur* Gedanken. Sie sind nicht die Realität, sondern nur unsere Interpretation der Realität. Oft neigen wir dazu, das Verhalten und die Reaktionen anderer Menschen auf uns zu beziehen. Wenn beispielsweise der Chef mürrisch ist, glauben wir, das hätte etwas mit uns zu tun, weil wir nicht gut genug seien oder einen Fehler gemacht hätten.

Unsere Gedanken sind von entscheidender Bedeutung für unsere Gefühle, unser Verhalten und unser Selbstwertgefühl. Wir können nicht verhindern, dass Gedanken auftauchen, aber wir können uns immer wieder fragen, ob sie die Wirklichkeit widerspiegeln oder nicht – und eine entsprechende Haltung dazu entwickeln. Die buddhistische Lehre geht davon aus, dass es nicht äußere Faktoren sind, die darüber entscheiden, ob wir glücklich oder unglücklich sind, sondern allein die Art und Weise, wie wir mit diesen umgehen.

Praktisch gesprochen hieße das, unsere Gedanken auf ihren Wahrheitsgehalt zu überprüfen und nur das gelten zu lassen, was wir sicher wissen. Ist der Chef also mürrisch, dann ist das Einzige, was wir sicher wissen: Der Chef ist mürrisch. Und vielleicht auch noch, dass uns das gerade unsicher und nervös macht. Wenn Sie wirklich wissen wollen, was der Grund für die säuerliche Miene Ihres Chefs ist, bleibt nur eins: ihn fragen. Alles andere ist Interpretation und damit spekulativ. Mit unseren Interpretationen machen wir uns oft das Leben schwer, denn wir betrachten die Wirklichkeit meist aus der Perspektive unserer Ängste. Wir hoffen, uns mit vorweggenommenen negativen Einschätzungen vor Enttäuschungen zu bewahren und weniger verwundbar zu machen. Aber so funktioniert das Leben leider nicht. Dadurch, dass wir die Dinge von vornherein negativ sehen, lässt sich nicht verhindern, dass wir unerwünschte Erfahrungen machen.

Sie können Ihre Neigung, die Wirklichkeit zu interpretieren, bekämpfen, indem Sie immer wieder aus dem Gedankenstrom ausbrechen und auf die Ebene der Tatsachen zurückkehren – zu dem, was

Sie ganz sicher über die Situation wissen. Halten Sie inne und bewerten Sie auf einer Skala von eins bis zehn: »Was berechtigt mich wirklich zu der Annahme, dass die Sache etwas mit mir zu tun hat? Wie sicher kann ich mir sein, dass meine Annahme zutrifft?«

Negative Überzeugungen

Überzeugungen sind Gedanken, deren Wahrheitsgehalt wir uns so sicher sind, dass wir sie nicht mehr mit einem Fragezeichen versehen. Das macht es besonders schwierig, sich von ihnen zu lösen. Nicht hinterfragte negative Pauschalurteile über uns selbst wie: »Ich bin nicht gut genug. Alle anderen sind besser, klüger und schneller als ich«, hindern uns daran, die Person zu sein, die wir sein möchten, und das Leben zu führen, das wir uns wünschen.

Umso wichtiger ist es, dass Sie lernen, solche Glaubenssätze zu erkennen, wenn sie Ihnen durch den Kopf gehen, und sich dann zu fragen: Ist das wirklich wahr? Wie viel gesichertes Wissen steckt in dieser Überzeugung? Wenn Sie regelmäßig Achtsamkeit üben, werden Sie merken, wie oft Sie im Alltag Gedanken haben, denen wenig oder sogar überhaupt kein gesichertes Wissen zugrunde liegt –

und umso leichter wird es Ihnen fallen, sich von ihnen zu lösen bzw. ihnen die Wahrheit gegenüberzustellen.

Sie können Ihrem Geist nicht einfach verbieten, immer wieder auch negative oder herabsetzende Gedanken und Überzeugungen hervorzubringen, so funktioniert das Gehirn nicht. Aber Sie können entscheiden, was Sie grundsätzlich über sich denken wollen – und sich ganz bewusst auf positive, aufbauende Gedanken fokussieren, die Sie in dem unterstützen, wer Sie sein und was Sie erreichen wollen. Mein Favorit unter den hilfreichen Glaubenssätzen lautet: »Ich gebe mein Bestes, aber das Ergebnis hängt nicht nur von mir ab.«

Dieser Satz lässt sich in den verschiedensten Situationen nutzen und trägt der Tatsache Rechnung, dass wir in der Regel nicht allein dafür zuständig sind, wie die Dinge laufen. Andere Menschen wollen nicht immer dasselbe wie wir, und auch die äußeren Umstände und das Timing sind nicht immer perfekt. Natürlich entfaltet der Satz nur dann die gewünschte Wirkung, wenn Sie auch wirklich Ihr Bestes geben – auf einer realistischen Basis und ohne sich Vorwürfe zu machen, wenn mal etwas nicht klappt. Eine andere stützende Überzeugung wäre: »Ich bin schon gut genug. Es reicht, so zu sein, wie ich bin. Mehr zu tun, ist nicht nötig.«

Sie sind, was Sie denken

Ihre Gedanken haben entscheidenden Einfluss auf Ihr Selbstwertgefühl. Denn: Was Sie denken und sagen, wird zu Ihrer Gegenwart und Realität. Wenn Sie sich und anderen sagen, Sie seien nichts wert, wird dies zu Ihrer Wirklichkeit, weil Sie und die anderen Sie aus diesem Blickwinkel betrachten werden.

Ein positives Selbstbild ist von entscheidender Bedeutung für Ihre Lebensfreude, Ihre Energie und Ihre zwischenmenschlichen Beziehungen. Daher ist es wichtig, negativen Gedanken etwas entgegenzusetzen, indem Sie lernen, positiv von sich selbst zu denken und die Vorteile zu sehen, die mit Ihrer sensitiven Veranlagung einhergehen.

Positiv zu denken bedeutet jedoch nicht, Dinge unter den Teppich zu kehren oder sich Unschönes schönzureden. Es heißt vielmehr, sich Rechenschaft darüber abzulegen, ob Ihre Denkmuster Sie eher darin unterstützen oder daran hindern, die vorteilhafteste Ausgabe Ihrer selbst zu sein und das Bestmögliche aus Ihrem Leben zu machen.

Realistische und konstruktive Gedanken über sich selbst heben Ihre Stimmung und fördern Ihr Wohlbefinden. Richten Sie Ihren Fokus auf all die Dinge, die beweisen, dass Sie gut genug sind. Sprechen Sie ausschließlich wohlwollend und anerkennend

über sich und achten Sie darauf, wie sich das auf Ihre Gefühle und Ihr Verhalten auswirkt. Höchstwahrscheinlich werden Sie erleben, wie Ihr Selbstwertgefühl sofort stabiler wird.
Um die Gewohnheit, positiv von sich zu denken und zu sprechen, in Ihrem Leben zu verankern, eignen sich sogenannte Affirmationen, die Sie sich mehrfach am Tag laut oder im Geiste vorsagen.

ÜBUNG

Positiv denken

Wählen Sie zwei bis vier Affirmationen aus der Liste – oder überlegen Sie sich eigene Sätze – und denken Sie diese mehrmals am Tag, vor allem immer dann, wenn Sie merken, dass Sie gerade negative Gedanken über sich selbst haben. Praktizieren Sie das einen Monat lang täglich und beobachten Sie, wie es sich auf Ihr Selbstbild und Ihr Selbstwertgefühl auswirkt. Wirksame Affirmationen sind zum Beispiel:

- Ich bin gut genug, so, wie ich bin.
- Ich darf unvollkommen sein und mich trotzdem lieben und gut fühlen.
- Ich habe den Mut, mich an mir selbst zu erfreuen.
- Die einzige Person, mit der ich mich vergleichen kann, bin ich selbst.

- Ich gebe mein Bestes, aber das Ergebnis hängt nicht nur von mir ab.
- Ich kann nicht wissen, was andere denken.
- Ich habe immer eine Wahl.
- Das Leben unterstützt mich in vieler Hinsicht.
- Ich liebe dich. (Zu sich selbst)
- Ich weiß, dass ich wertvoll bin, selbst wenn ich Fehler mache.
- Es fühlt sich gut an, Erfolg zu haben.
- Ich liebe und schätze mich.
- Alles ist gut. Ich fühle mich sicher.
- Ich entscheide mich für das Glück.

Gefühle achtsam wahrnehmen

Sensitive Menschen sind Gefühlsmenschen. Das erlebe ich immer wieder, wenn ich Kurse gebe und Vorträge halte, die fast ausschließlich von Menschen mit hochsensibler Veranlagung besucht werden. Es herrscht eine besonders rücksichtsvolle und freundliche Atmosphäre, selbst der Geräuschpegel ist geringer als sonst. Dennoch kommt es auch hier manchmal zu Missverständnissen und Irritationen oder nicht gerade mustergültigen Verhaltensweisen. Das liegt daran, dass besonders empfindsame Menschen auch negative Stim-

mungen stärker spüren und schneller darauf reagieren.
Ich kenne das von mir selbst: Im Kino bin ich die Erste, der die Tränen kommen. Aber auch die Erste, die zu lachen anfängt. In Gesellschaft werde ich oft missverstanden, weil ich in den Augen der anderen zur falschen Zeit auf etwas reagiere. Manche Menschen fühlen sich davon sogar provoziert, weil sie glauben, dass ich über ihre Fehler lache – was ich nicht tue. Ich finde eben nur, dass die Situation etwas Komisches hat. Aber ich lache auch, wenn ich unsicher und nervös bin, weil ich mit diesen Gefühlen nicht gut klarkomme.
Hochsensible nehmen die Gestimmtheit anderer Menschen oftmals so intensiv und unmittelbar in sich auf, dass es ihnen schwerfällt, sie von ihrer eigenen Stimmung zu unterscheiden und sich entsprechend zu distanzieren. Und je stärker unsere Gefühle sind, desto schwerer fällt es uns, die Dinge realistisch zu betrachten. Darum ist es für empfindsame Menschen besonders wichtig zu lernen, sich von den Stimmungen anderer und äußeren Reizen abzugrenzen.

Dabei gilt für unsere Gefühle das Gleiche wie für unsere Gedanken: Es kommt in erster Linie darauf an, wie wir uns zu dem verhalten, was uns begegnet. Der erste Schritt besteht darin, gelassen zur Kenntnis zu nehmen und zu akzeptieren, dass es viele Umstände gibt, die wir nicht beeinflussen können. Mit jedem Versuch, es doch zu tun, verschwenden wir nur Energie.

Üben Sie sich bewusst darin, Dingen, die Sie sowieso nicht ändern können oder für die Sie keine Verantwortung tragen, keine Aufmerksamkeit zu schenken. Dazu gehört auch das Wissen, dass Sie nicht für das Wohlergehen und die Stimmung anderer zuständig sind. Es liegt lediglich in Ihrer Verantwortung, wie Sie andere behandeln und über sie reden. Solange Sie Ihren Mitmenschen unvoreingenommen, freundlich, empathisch und respektvoll gegenübertreten, sind Sie für deren Reaktionen nicht verantwortlich.

Stärken Sie Ihr inneres Gleichgewicht, indem Sie sich die Vorteile Ihrer Sensitivität und Ihren Selbstwert klarmachen und ganz bewusst anderen Menschen die Freiheit geben, zu tun und zu sein, wie sie wollen, ohne sich einzumischen.

Die beste Voraussetzung dafür ist, im Hier und Jetzt gegenwärtig zu sein. Achtsamkeit hilft Ihnen dabei, nicht automatisch auf Reize aus Ihrer Umgebung reagieren zu müssen. Das macht Sie frei, Sie selbst zu sein und jeweils zu entscheiden, ob Sie auf etwas »anspringen« wollen oder nicht.

Durch häufige Überstimulierung und starke Reaktionen auf alles, was ihnen begegnet, werden viele Hochsensible von ständigen Unruhegefühlen geplagt. Es gelingt ihnen nicht, eine stabile innere Balance zu schaffen und aufrechtzuerhalten. Die Erfahrung, schon bei Kleinigkeiten aus dem Gleichgewicht zu geraten, nagt auf Dauer am Selbstwertgefühl.

Innere Ruhe handelt nicht davon, nie mehr nervös oder ängstlich zu sein. Sondern davon, wie wir unser Leben führen und wie wir mit Herausforderungen umgehen. Es geht um das grundlegende Gefühl, dass alles ist, wie es sein sollte, dass wir »gut genug« sind und uns in die richtige Richtung entwickeln. Innere Ruhe ist ein Zustand, der gehegt und gepflegt werden will. Wenn man die Verantwortung für seine Entwicklung übernimmt und sich darum bemüht, die eigenen Grenzen zu wahren, kann das zunächst zu einer gewissen Unsicherheit und Nervosität führen. Doch zugleich beschert einem dieses Bemühen bereits Freude, Ruhe und Zufriedenheit, weil man auf sich selbst hört und weiß, dass man auf dem richtigen Weg ist.

Es mag auf den ersten Blick paradox anmuten, aber der erste Schritt zur Entwicklung innerer Ruhe besteht darin, das Vorhandensein von Unruhe und

Nervosität zu akzeptieren. Kein Mensch kann sich *immer* im perfekten Zustand des inneren Gleichgewichts befinden. In solchen Momenten helfen Achtsamkeit und Coaching: die Achtsamkeit beim Wahrnehmen und Annehmen der Unruhe und dabei, uns bewusst nicht mit ihr zu identifizieren und an ihr festzuhalten. Coaching ist eine bestimmte Art zu denken. Im Großen und Ganzen geht es darum, seine Gedanken zu Ende zu führen und sich darüber Rechenschaft abzulegen, was genau man erreichen will und warum. Es beruhigt zu wissen, wer man ist, was man will und welche Werte man hat. Das wiederum macht es leichter, Entscheidungen zu treffen, und befreit von Zweifeln, die das innere Gleichgewicht unnötig belasten.

Sich seiner Ängste bewusst werden

Angst kann ein sehr beherrschender Faktor sein und unser Leben stark einschränken. Sie kann uns davon abhalten, auf uns selbst zu hören und entsprechend zu handeln. *Angst ist im Grunde ein gesundes und natürliches Gefühl, mit dem man konstruktiv und liebevoll umgehen sollte. Es geht nicht darum, die Angst zu überwinden und zu glauben, dass sie von allein verschwindet, wenn man nur lange genug wartet oder sie stark genug unterdrückt. Das Ziel ist vielmehr, die Angst zu akzeptieren und dennoch das zu tun, was man tun will.* Tatsächlich ist Angst ein wichtiger Faktor für unsere Weiterentwicklung: Wer sich nie Herausforderungen stellt, die ihn zunächst nervös und unsicher machen, wird nie Fortschritte erzielen.

Ich bin schon oft mit meiner Angst konfrontiert worden. Beispielsweise bei meinen ersten öffentlichen Vorträgen (die ein wichtiger Teil meiner Arbeit sind). Ich hatte große Angst, meinen Text zu vergessen oder dass ein Zuhörer mir eine Frage stellen würde, die ich nicht beantworten könnte. Vor Publikum eingestehen zu müssen, etwas nicht zu wissen – allein der Gedanke daran war mir peinlich. Paradoxerweise stellte sich heraus, dass ich meine Furcht und Nervosität umso besser in den Griff bekam, je mehr ich ihr Vorhandensein akzeptierte. Außerdem machte ich die Erfahrung, dass meistens alles gut ablief – und wenn nicht, dann war die »Niederlage« nicht so schlimm, wie ich es mir vorgestellt hatte. Inzwischen fällt es mir nicht mehr schwer, vor fremden Menschen zu sprechen, es kommt mir sogar ganz natürlich vor. Ich weiß, was ich beitragen kann, und akzeptiere meine Grenzen. Dadurch bin ich ruhig und konzentriert und freue mich sogar auf meine Vorträge. So ändern sich die Zeiten.

Als Erwachsene haben wir nicht selten mit Ängsten und Befürchtungen zu kämpfen, die unser Leben und unsere Entscheidungen begrenzen, ohne dass wir noch genau sagen könnten, worin sie wurzeln. Die Ursachen liegen oftmals in Erfahrungen, die wir in unserer Kindheit gemacht haben. Damals mag unsere Angst vollkommen berechtigt gewesen sein, in unserem erwachsenen Leben ist sie es aber nicht mehr.

Ich bin zum Beispiel von der Angst geprägt worden, unerwünscht zu sein, im Stich gelassen und nicht mehr geliebt zu werden. Dabei hatte ich einen liebevollen und guten Start ins Leben – ich war gewollt und wurde geliebt. Doch als ich elf Jahre alt war, begann meine Familie allmählich auseinanderzufallen. Meine große Schwester war in der Pubertät, meine Eltern verstanden sich nicht mehr und ließen sich ein paar Jahre später scheiden. Aufgrund meiner sensitiven Veranlagung nahm ich die Spannungen in unserer Familie besonders intensiv wahr und beschloss intuitiv, niemandem zur Last fallen zu wollen – es gab ja schon Probleme genug. Also entwickelte ich die Fähigkeit, irgendwie allein klarzukommen.

Diese früh entwickelte Selbstständigkeit hilft mir heute als Erwachsene. Ich weiß, dass ich allein zurechtkomme. Ich habe mir viele Verhaltensmuster,

Einstellungen und Angewohnheiten zugelegt, die das gewährleisten. Doch obwohl ich gut allein mit den Dingen fertigwerde, ist mir die Furcht meiner Kindheit bis ins Erwachsenenalter nachgegangen. Sie hat meine Entwicklung beschleunigt und dazu geführt, dass ich mir verschiedene Fähigkeiten erarbeitet habe. Aber sie hat auch zu nagender innerer Unruhe geführt und mein Selbstwertgefühl beeinträchtigt.

In meiner Kindheit war die Angst konkret und altersgerecht. Aber ich habe viele Jahre gebraucht, um zu begreifen, dass sie für mich als Erwachsene nicht mehr relevant ist, weil mich heutzutage nicht mehr dieselben Gefahren bedrohen wie früher. Es war ein wunderbares Gefühl zu erkennen: Ich muss keine Angst mehr vor dem Alleinsein haben, denn ich weiß, dass ich allein zurechtkomme.

Wir leben in einer wunderbaren Welt voller Liebe, Schönheit, Kreativität und Freude. Doch oft sehen wir dies nicht, weil wir von Furcht und Sehnsucht beherrscht werden – die oftmals aus unserer Kindheit herrühren und in der Gegenwart keine Berechtigung mehr haben. Wir können diese Angst nur überwinden, wenn wir uns ihr mutig stellen und dadurch erkennen, was sie uns damals gelehrt hat und dass wir ihr in der Gegenwart nicht mehr ausgeliefert sind.

3

Leichter leben mit einem guten Selbstwertgefühl

Für Ihr Selbstwertgefühl ist es von zentraler Bedeutung, dass Sie sich selbst so akzeptieren, wie Sie sind, und Ihre Begrenzungen und Bedürfnisse anerkennen – und entsprechend Ihren Alltag planen und leben.

Selbstfürsorge

Das Gefühl, anders zu sein, ist bei sensitiven Menschen weit verbreitet. Das kann ein sehr schmerzhaftes und einschränkendes Gefühl sein, das einen womöglich seit der Kindheit begleitet.
Welche Bedeutung dieses Gefühl für das eigene Leben und die eigene Entwicklung hat, ist individuell verschieden. Manche haben sich von Kindesbeinen

an allein und als Außenseiter gefühlt und schmerzlich erfahren, dass ihnen die ersehnte Gemeinschaft in der Familie oder im Freundeskreis verwehrt blieb. Das Gefühl der Andersartigkeit kann das Selbstwertgefühl stark beeinflussen.
Viele neigen dazu, sich ständig mit anderen zu vergleichen. Das kann eine sehr anstrengende Angewohnheit sein, vor allem, wenn man andere für besser und wertvoller hält als sich selbst. Dann hat man andauernd das Gefühl, nicht gut genug zu sein.
Der erste Schritt auf dem Weg zu einem gesunden Selbstwertgefühl ist, dass Sie sich bewusst entscheiden, in Zukunft nicht mehr so sein zu wollen wie andere, sondern einzig und allein wie Sie selbst. Und sich die Voraussetzungen zu schaffen, die notwendig sind, damit Sie ein glückliches und erfülltes Leben führen können.

»Nähre deine hungrige Seele. Halte sie stark und wach, denn wenn du nicht du selbst bist, bist du niemand.«

Piet Hein,
dänischer Wissenschaftler und Literat

Wenn ich einen Vortrag halte, der sich an hochsensible Menschen richtet, frage ich meine Zuhörer oft, ob jemand von ihnen das Gefühl hat, anders zu sein als die anderen. Dann heben fast alle die Hände, schauen sich um und beginnen zu lächeln. Die meisten glauben nämlich, mit diesem Gefühl allein zu sein.

Wenn ich als Nächstes frage, ob jemand so sein möchte wie alle anderen, meldet sich niemand. Gefolgt vom erneuten Lächeln der Zuhörer. Niemand will so sein wie alle anderen, doch andererseits wollen wir auch nicht aus der Menge herausstechen – vor allem nicht, wenn wir Kinder sind.

Im Grunde ist das eine paradoxe Situation. In Wahrheit sind »die anderen« natürlich auch nicht alle gleich, und man selbst ist keinesfalls anders als »alle anderen«. Wer oder was ist hier also anders – und anders als wer?

Amerikanische Studien zeigen, dass ca. 20 Prozent aller Menschen sensitiv veranlagt sind, also jeder Fünfte. Damit gehören sie, was ihre Veranlagung betrifft, also einer Minderheit an. Das bedeutet nicht, dass die anderen 80 Prozent alle gleich sind, aber es heißt, dass sie sich von der Mehrheit unterscheiden und daher durchaus das Recht haben, sich »anders« zu fühlen. Wobei dieses »anders« völlig wertneutral ist.

Bei meinen Vorträgen empfinden manche Zuhörer eine so große Erleichterung, dass ihnen die Tränen kommen, wenn sie begreifen, dass sie nicht alleine sind und nichts an ihnen »verkehrt« ist. Es gibt ein Gefühl großer Leichtigkeit und Freiheit, sich selbst in anderen wiederzuerkennen und endlich so akzeptieren zu können, wie man ist.

Zeit für sich

Hochsensible Menschen haben ein reiches und gedankenvolles Innenleben sowie ein natürliches Bedürfnis, allein zu sein und genug Zeit zum Reflektieren und Nachdenken zu haben. Sie langweilen sich nicht, wenn sie sich selbst überlassen sind – im Gegenteil. Wenn sie allein sind, haben sie endlich Gelegenheit, ihre Gedanken zu Ende zu führen. Darum empfinden sensitive Menschen auch häufig ein großes Vergnügen an kontemplativen kreativen Tätigkeiten wie Hand- oder Gartenarbeit oder am Heimwerken. Sie fühlen sich wohl in ihrer eigenen Gesellschaft – und dabei oftmals weniger einsam als unter Menschen.

Obwohl Hochsensible meist auch sehr soziale Menschen und gern mit anderen zusammen sind, können sie in Zeiten, in denen sie viel um die Ohren haben, ein gesteigertes Bedürfnis haben, allein und ganz bei sich selbst zu sein. Die richtige Balance zwischen diesen beiden Bedürfnissen zu finden – dem nach Rückzug und dem nach Gesellschaft –, ist für sie eine ständige Herausforderung.

Aber selbst wenn es Ihnen gelingt, sich den nötigen Rückzug zu gewähren, haben Sie möglicherweise ein schlechtes Gewissen Ihren Mitmenschen gegenüber – was dann mitunter sogar zu einer stärkeren Überstimulierung führen kann als das unausgesetzte Zusammensein mit anderen. Denn das schlechte Gewissen löst einen anstrengenden inneren Dialog aus, in dem Sie mit sich selbst diskutieren, ob Sie sich nun mehr an den Bedürfnissen und Wünschen der anderen oder an Ihren eigenen orientieren sollen.

Es ist wichtig festzustellen, dass wir sensitiven Menschen ein stärker ausgeprägtes Ruhebedürfnis haben als andere. Wir brauchen Zeit, um wieder zu uns selbst zu finden, nachdem wir eine anstrengende und fordernde Aufgabe erledigt haben – sei es privat oder beruflich. Genauso wichtig ist es uns jedoch in der Regel, ein entspanntes Gemeinschaftsgefühl im Kreis anderer Menschen zu erleben. Worum es geht, ist das richtige Gleichgewicht zwischen diesen beiden Bedürfnissen zu finden, und das können in jedem einzelnen Fall nur Sie allein.

Andere so lassen, wie sie sind

Wenn Sie dazu neigen, anderen Menschen gegenüber sehr kritisch zu sein und sie – wenn auch nur in Gedanken – schnell zu verurteilen, dann werden Sie vermutlich befürchten, dass im Gegenzug auch Sie selbst von anderen be- und möglicherweise verurteilt werden. Unwillkürlich werden Sie also versuchen, Ihren eigenen hohen Ansprüchen anderen gegenüber gerecht zu werden.

Verurteilen Sie beispielsweise andere für ihre Unpünktlichkeit, werden Sie selbst stets darauf achten, überpünktlich zu sein. Und wenn Sie an anderen kritisieren, dass sie zu viel reden, werden Sie selbst sich aus Angst, zu gesprächig zu sein, lieber zurückhalten.

Ein stabiles Selbstwertgefühl steht und fällt mit unserer Fähigkeit, uns in diesem Moment so zu akzeptieren, wie wir jetzt gerade sind. Wir können Fehler begehen, uns weiterentwickeln und besser werden, doch in diesem Augenblick sind wir so, wie wir sind.

Indem Sie anderen die Freiheit geben, so zu sein, wie sie sind, und das zu tun, was sie tun möchten, ohne sie dafür zu kritisieren oder ändern zu wollen, geben Sie auch sich selbst die Freiheit, der Mensch zu sein, der Sie sind, mit allem, was dazugehört.

Sich selbst anerkennen

Falls Ihnen als Kind beigebracht wurde, immer schön bescheiden im Hintergrund zu bleiben und bloß nicht zu glauben, Sie seien etwas Besonderes, dann wird es Ihnen als Erwachsener schwerfallen, positiv über sich selbst zu denken und zu reden. *Doch sollten Sie Ihre Erziehung nicht als Vorwand dafür nehmen, sich um Veränderungen herumzudrücken und Ihre eigenen Wünsche und Träume zu vernachlässigen. Auch ist überhaupt nichts dagegen einzuwenden, das Positive an Ihrer eigenen Persönlichkeit zu betonen. Falls Ihnen das schwerfällt, dann denken Sie daran, dass man alles trainieren kann – auch die Gedanken. Es wird Ihnen leichter fallen, das Positive an sich wertzuschätzen, wenn Sie sich darin üben, anerkennend über sich selbst zu reden. Wenn uns etwas froh macht, ist es das Wissen um die eigene Persönlichkeit – vor allem um unsere guten Seiten.*

Die meisten von uns sind es gewohnt, herabsetzend über sich selbst zu reden und zu denken. Wer kennt das nicht: Sobald wir ein Kompliment bekommen, beeilen wir uns, es abzumildern und im Gegenzug auf unsere Mängel hinzuweisen.

Positiv über sich selbst zu reden dient nicht dem Zweck, dass Sie sich besser vorkommen als andere. Es geht ausschließlich darum, dass Sie sich

der besten Ausgabe Ihrer selbst bewusst werden und damit Ihr Selbstbild und Ihr Selbstwertgefühl ändern.
Vielleicht ist Ihnen gar nicht klar, welche positiven Eigenschaften Sie besitzen, weil Sie sich bisher immer nur auf die negativen konzentriert haben. Die folgende kleine Übung hilft Ihnen, sich Ihrer Qualitäten bewusst zu werden.

ÜBUNG

Meine Positiv-Bilanz

Nehmen Sie sich ein paar Minuten Zeit und suchen Sie sich einen ruhigen Ort. Machen Sie ein paar tiefe bewusste Atemzüge, bevor Sie zum Stift greifen und Ihre persönliche Bilanz in Ihr Heft notieren:

Meine positiven Eigenschaften:

Fünf Dinge, die ich besser kann als andere:

Das hat sich in den letzten Jahren bei mir positiv entwickelt:

Diese Entscheidung zählt zu meinen besten:

Fünf Leistungen, auf die ich stolz bin:

Zum Abschluss lesen Sie sich Ihre Erfolgsbilanz noch einmal durch: mit Stolz, Freude und Dankbarkeit. Rufen

Sie sich diese in nächster Zeit auch im Alltag immer wieder ins Gedächtnis – vor allem in schwierigen Zeiten oder Situationen –, um Ihr Selbstwertgefühl nachhaltig zu stabilisieren.

Gemeinschaft und Kommunikation mit anderen

Die Gemeinschaft mit anderen Menschen ist für den Seelenfrieden hochsensibler Menschen eine Herausforderung, denn sie sind bisweilen gezwungen, Entscheidungen zu treffen und Grenzen zu setzen, die andere nicht verstehen. Es ist manchmal nötig, gegen den Strom zu schwimmen, um die beste Ausgabe seiner selbst sein zu können – was mit einem niedrigen Selbstwertgefühl besonders schwer ist.

Tatsache ist: Sie können es nicht allen recht machen und nicht verhindern, zuweilen andere Menschen zu enttäuschen. Doch je stärker Ihr Selbstwertgefühl ist, desto weniger werden Sie das Bedürfnis haben, von allen gemocht zu werden. Es ist ein Missverständnis zu glauben, Zuneigung zeige sich darin, stets einer Meinung und niemals enttäuscht voneinander zu sein.

Wenn Sie die Verantwortung dafür übernehmen, die besten Bedingungen für Ihre Sensitivität zu schaffen, gehört dazu auch, dass Sie anderen deutlich sagen, welche Voraussetzungen beruflich wie privat gegeben sein müssen, damit Sie optimal »funktionieren«.

Vielleicht haben Sie schon öfter von anderen gehört, dass Sie nicht immer alles so schwer nehmen, nicht ständig so viel über alles nachdenken sollen. Oder dass Sie *zu* empfindlich, *zu* zurückhaltend, *zu* fleißig, *zu* verletzlich seien. All diese Zuschreibungen geben Ihnen zu verstehen, dass Sie nicht Sie selbst, sondern anders sein sollten. Das kann es schwierig für Sie machen, anderen von Ihrer hochsensitiven Veranlagung zu erzählen.

Es ist naheliegend, dass wir dazu neigen, die Einschätzung anderer über uns selbst zu übernehmen, zumal wenn wir bestimmte Dinge immer wieder und von verschiedenen Seiten oder von Menschen, die uns sehr nahestehen, zu hören bekommen. Als Kind bleibt uns kaum etwas anderes übrig, als sie uns auf Dauer zu eigen zu machen, ohne sie infrage zu stellen.

Doch als Erwachsene verfügen wir über ausreichend Erfahrung und Wissen, um die Ansichten anderer auf ihren Wahrheitsgehalt überprüfen –

und gegebenenfalls auch richtigstellen – zu können. Denken Sie immer daran, dass ganz und gar nicht feststeht, dass die anderen mit ihrer Einschätzung richtigliegen. Was diese über Sie denken und sagen, trifft vielleicht gar nicht zu.

Die meisten Menschen haben ein aufrichtiges Interesse daran, etwas über Hochsensibilität zu erfahren. Aber manche haben natürlich auch eine vorgefasste Meinung darüber und glauben beispielsweise, dass Hochsensitive ihre Veranlagung benutzen, um als schwach und hilflos gelten und dadurch Aufmerksamkeit auf sich ziehen zu können. In Wahrheit sind die meisten sensitiven Menschen sehr ausgeglichen, freundlich, hilfsbereit, rücksichtsvoll und pflichtbewusst und oft außerordentlich beharrlich darin, ihre selbst gesteckten Ziele zu verfolgen.

Seien Sie dennoch auch auf negative Reaktionen vorbereitet, wenn Sie auf Ihre Veranlagung zu sprechen kommen. Es wäre sicher nicht klug, jedem, dem man begegnet, davon zu erzählen. Auch wenn sie das Thema an sich interessant finden, reagieren keinesfalls alle Menschen offen und positiv darauf, was wiederum zur Folge haben kann, dass Sie sich missverstanden und abgewiesen fühlen.

Natürlich macht es Sinn, Menschen, die Ihnen nahestehen oder mit denen Sie viel Zeit verbringen, über Ihre besondere Veranlagung in Kenntnis zu setzen. Allerdings sollten Sie sich im Vorfeld genau überlegen, wann und wie Sie es jemandem erzählen, und auch, wie Sie mit möglicherweise geäußertem Unverständnis oder Vorurteilen umgehen wollen. Es hängt viel von Ihrer Wortwahl ab und davon, ob Sie eher Ihre Schwächen oder die Vorzüge Ihrer Veranlagung darstellen. Denken Sie daran: Andere schätzen Sie so ein, wie Sie sich selbst über sich äußern.

Statt sich über die Nachteile Ihrer hochsensitiven Veranlagung auszulassen, heben Sie lieber die Vorteile hervor und drücken Sie sich so konkret aus wie möglich.

Statt: »Ich ertrage es nicht, gestört zu werden, weil ich hochsensibel veranlagt bin. Darauf sollten Sie bitte Rücksicht nehmen«, sagen Sie besser: »Es geht mir am besten, wenn ich mindestens eine Stunde am Tag ungestört arbeiten kann. Das verschafft mir die Möglichkeit, mich in mein Thema zu vertiefen und über alternative Lösungen nachzudenken. Auf diese Weise bin ich produktiver und erreiche das bestmögliche Ergebnis.«

Statt: »Wenn ich von der Arbeit nach Hause komme, brauche ich Ruhe. Als Hochsensible bin ich eben nicht so belastbar wie andere«, lieber: »Es tut mir gut, wenn ich nach der Arbeit ein bisschen Zeit für mich selbst habe – ich brauche nur 20 Minuten allein zu Hause, dann freue ich mich, mit euch zusammen zu sein.«

Am konstruktivsten können Sie sich ausdrücken, wenn Sie sich dabei auf Ihre Stärken besinnen und darauf, was Ihnen Freude macht – also positive Dinge –, und möglichst detailliert vergegenwärtigen, welche Bedingungen erfüllt sein müssen, damit Sie die verschiedensten Situationen gut bewältigen und Ihre Kapazitäten optimal nutzen können.

Mit Unverständnis umgehen

Rechnen Sie trotz allem damit, von manchen Leuten nicht verstanden zu werden. Nicht jeder ist in der Lage, sich für andere Menschen zu interessieren, in denen er sich nicht selbst wiedererkennt.

Früher habe ich viel Energie darauf verwendet und auch viele Worte gemacht, um anderen meine Veranlagung zu erklären. Das Verständnis der anderen war für mich die Voraussetzung dafür, dass ich mich wohl- und sicher fühlte. Es war mir extrem wichtig, von diesen zu hören: »Ja, das verstehe ich gut.«

Anzuerkennen, dass ich diese Bestätigung von den meisten Menschen nicht bekommen werde – und

dass das nur etwas über die anderen aussagt, aber nicht über mich –, war sehr befreiend und hat mein Selbstwertgefühl nachhaltig gestärkt.
Ich erzähle gern, dass ich mich auf das Thema Hochsensibilität spezialisiert habe und anderen Menschen helfe, mit dieser Veranlagung besser klarzukommen. Das trifft gemeinhin auf großes Interesse, und ich beantworte auch gern alle Fragen hierzu. Dabei merke ich sehr schnell, ob ich mit meinem Gesprächspartner wirklich in Kontakt komme, ob jemand offen und aufrichtig interessiert ist oder mir eher skeptisch gegenübersteht. Und da ich inzwischen weiß, dass es unmöglich ist, von jedem verstanden zu werden, kann ich entspannt bleiben und anderen Menschen die Freiheit geben, über mich zu denken, was sie wollen, ohne dass dies meinen Seelenfrieden beeinträchtigt. Dadurch werde auch ich frei, so zu sein, wie ich bin – selbst wenn ich mich gerade anders und unverstanden fühle.
Um es mit einer Metapher auszudrücken: Ich bin eine schöne Blüte und möchte meinen Blütenstaub auf die Pflanzen in meiner Umgebung verteilen. Ob er dort letztlich fruchtbar wird oder nicht, entzieht sich meinem Einfluss. Doch ich verteile weiterhin meinen Blütenstaub, froh und leicht, wo immer es mir passt.

Anerkennung bekommen und geben

Menschen entwickeln sich dann am besten, wenn sie Liebe und Anerkennung erfahren. Doch ohne Eigenliebe fehlt uns das Vertrauen, die Wertschätzung anderer anzunehmen. Dann denken wir: »Das sagt der doch nur so, aber er meint es ganz bestimmt nicht so.« Um Lob und Komplimente auch annehmen zu können, muss man fühlen, dass man ihrer wert ist.

Viele Menschen sind es nicht gewohnt, Zuspruch und Wertschätzung zu erhalten. Sie sind dann peinlich berührt und wissen gar nicht, was sie sagen sollen. Oder sie bemühen sich sofort, das Kompliment abzuwehren oder zu relativieren. Obwohl sie sich nach Anerkennung sehnen, sind sie nicht in der Lage, diese anzunehmen.

Die beste Art und Weise, ein Kompliment entgegenzunehmen, besteht darin, es wie ein Geschenk zu betrachten und einfach Danke zu sagen. Nicht mehr und nicht weniger. Kein »Danke gleichfalls« oder ähnlich. Einfach: »Danke, dass du das sagst.« Oder: »Danke. Es macht mich froh, wenn du so etwas zu mir sagst.«

Aber warten Sie nicht nur darauf, von anderen Anerkennung zu erhalten. Machen Sie selbst Komplimente, loben Sie Ihre Mitmenschen, wann immer Ihnen etwas Positives an ihnen auffällt.

Damit machen Sie anderen ganz sicher eine Freude, egal, wie sie nach außen reagieren. Dabei kommt es gar nicht so sehr darauf an, *was* wir sagen (solange es ehrlich und aufrichtig gemeint ist), sondern wie der Empfänger sich dabei fühlt. Und auch man selbst freut sich, wenn man anderen etwas Nettes sagen kann. Ein Kompliment macht beide Seiten froh – denjenigen, der es ausspricht, und denjenigen, der es erhält. Beide erfahren etwas Positives, das einen bleibenden Eindruck hinterlässt.

In der Kürze …

Hochsensible Menschen haben viele Gedanken – und bringen sie häufig sehr wortreich zum Ausdruck. Ich bekomme zahlreiche E-Mails von Betroffenen, die meisten sind sehr lang und enthalten eine Reihe von ausführlich formulierten Fragen.
Einmal habe ich eine für mein Empfinden kurze Mail von mir ausgedruckt, um zu prüfen, wie viel ich tatsächlich geschrieben hatte. Sie füllte eineinhalb DIN-A4-Seiten. Auch meine SMS sind dreimal so lang wie bei anderen.
Menschen mit hochsensibler Veranlagung fällt es oft schwer, die Dinge auf den Punkt zu bringen. Ich empfinde mich schnell als schroff und unhöflich, wenn ich mich kurz und präzise ausdrücke, und

zweifle zudem daran, dass ich mich verständlich ausgedrückt habe. Inzwischen habe ich mir angewöhnt, alle Nachrichten vor dem Verschicken noch einmal aufmerksam zu lesen und alles Überflüssige zu streichen.

Hochsensitive Menschen neigen auch dazu, viele Worte zu machen, um sich zu entschuldigen, zu erklären und ihre Entscheidungen zu begründen. In dem Bestreben, von anderen verstanden zu werden, erläutern wir viel mehr als nötig – ganz besonders, wenn wir fürchten, unser Gegenüber könnte mit Unverständnis reagieren oder von uns enttäuscht sein. Das kann auf Dauer sehr anstrengend sein.
Die Ursache für unsere weitschweifigen Erklärungen liegt oft in dem Widerspruch zwischen dem, was wir wollen, und dem, wovon wir glauben, dass andere es von uns erwarten. Aber solange wir meinen, uns ständig rechtfertigen zu müssen, wird sich daran nichts ändern.

ÜBUNG

Mein Erklärungs-Muster

Nehmen Sie sich ein paar Minuten Zeit und überlegen Sie, was Sie sagen, wie Sie sich ausdrücken und wie Sie sich fühlen, wenn Sie anderen Ihre Bedürfnisse und Grenzen beschreiben. Tragen Sie die Antworten in Ihr Heft ein.

Ist es Ihnen unangenehm, sich überhaupt erklären zu müssen?

Haben Sie das Gefühl, sich dafür entschuldigen zu müssen, dass Sie sind, wie Sie sind? Dass Sie eigentlich »nicht so sein« dürften?

Gibt es bestimmte Worte und Ausdrücke, die Sie in diesen Situationen besonders häufig benutzen?

Spüren Sie körperliche Zeichen von Nervosität an sich, zum Beispiel feuchte Hände, Kurzatmigkeit, Herzklopfen? Sprechen Sie schneller als sonst?

Was, glauben Sie, denkt Ihr Gegenüber von Ihnen?

Versuchen Sie, mit Ihrem Redeschwall eine bestimmte Reaktion Ihres Gegenübers zu vermeiden?

Wie reagieren Sie, wenn Sie sich von Ihrem Gegenüber nicht verstanden fühlen? Mit noch mehr Worten? Oder Rückzug? Ärger?

Erläuterungen haben die Tendenz, sehr lang zu werden, wenn wir unsicher sind und es uns schwerfällt, eine klare Position zu beziehen: »Es ist nicht so, dass es mich nicht interessiert und ich dich nicht gern sehen würde, aber am Mittwoch komme ich spät nach Hause, und am Freitag muss ich meiner Mutter helfen, und nächste Woche im Büro wird es unheimlich anstrengend, außerdem bin ich zurzeit ziemlich müde, deshalb kann ich noch nicht genau sagen, wann …« usw.

Derart ausschweifende Begründungen sind überflüssig, und niemand hört sich so etwas gerne an. Außerdem spürt Ihr Gegenüber darin unweigerlich Ihre Unsicherheit und wird genau dort mit Gegenargumenten ansetzen. Stehen Sie dagegen zu sich, braucht es keine vielen Worte, weil Sie es nicht nötig haben, sich weitschweifig zu erklären. Eine kurze, klare und deutliche Formulierung reicht vollkommen aus – und wird in der Regel auch akzeptiert. Ein paar Standardausdrücke und -sätze, die Sie sich innerlich zurechtlegen und je nach Situation leicht variieren, können Ihnen dabei helfen:

Der Ausdruck »Das klappt nicht« lässt sich in ganz unterschiedlichen Zusammenhängen anwenden, zum Beispiel: »Das hört sich wirklich nett an, aber leider klappt das bei mir nicht.« Oder: »Der Termin klappt bei mir leider nicht. Könnten wir bis Freitag warten?« Oder: »Ich bin noch mit anderen Dingen beschäftigt, das klappt morgen nicht.« Oder Sie versuchen es mit dieser Formulierung: »Tut mir leid, aber eine andere Lösung wäre mir lieber.«

Hochsensible Menschen sind nicht immer die Schnellsten beim Reden, weil wir Zeit zum Nachdenken brauchen, bevor wir etwas sagen. Eine gute Möglichkeit, im persönlichen Gespräch oder am Telefon Zeit zu gewinnen, ist beispielsweise: »Kann ich Ihnen meinen Vorschlag später per Mail schicken?« Oder: »Das klingt nach einer guten Idee. Ich lasse Ihnen spätestens morgen Nachmittag meine Antwort zukommen.«

Gespräche rechtzeitig beenden

Jedes noch so gute und inspirierende Gespräch kann Sie schließlich erschöpfen oder überstimulieren, sofern Sie nicht in der Lage sind, es rechtzeitig zu beenden.

Das gilt für alle Arten von Gesprächen in allen Zusammenhängen und mit allen Menschen. Ab welchem Zeitpunkt ein Gespräch beginnt, Ihnen Energie zu rauben, lässt sich schwer voraussehen, dafür sind die Situationen zu verschieden. Aber Sie können lernen, auf die Signale zu achten.

Ich habe eine Weile gebraucht, um zu erkennen, welche Anzeichen in meinem Inneren darauf hindeuten, dass ein anregendes Gespräch beginnt, mich zu überstimulieren. Es ist eine innere Unruhe, die sich in mir breitmacht. Ich verspüre dann einen zunehmenden Bewegungsdrang, meine Augen werden müde, ich verliere die Konzentration, höre nicht mehr so aufmerksam zu, werde zunehmend ungeduldig und reizbar. Ich will nichts mehr hören, erst recht nicht, wenn die Leute, mit denen ich rede, sich wiederholen.

Ich bemerke aber auch, wenn bei anderen der Energielevel sinkt. Bei manchen Menschen sieht man deutlich, wie sich das Licht um sie herum verändert und ihre Gesichter, vor allem ihre Augen, plötzlich müde aussehen.

Manchmal kehrt die Energie auch wieder zurück, doch nur für eine kurze Weile. *In jedem Fall ist es klug, rechtzeitig auf die Signale zu reagieren, die einem zu verstehen geben, dass sich eine Überstimulierung anbahnt.* Sie können beschließen, das Gespräch und das Beisammensein zu beenden, mag es auch noch so schön und anregend sein. Oder Sie entscheiden sich bewusst dafür, weiterzumachen, sollten dann jedoch darauf achten, jede Gelegenheit zu nutzen, um Energie zu tanken und Ihr Gleichgewicht zu stabilisieren. Sie können zum

Beispiel eine Pause einlegen oder sich eine andere Umgebung suchen – das Gespräch vielleicht bei einem gemeinsamen Spaziergang fortsetzen.
Lässt sich die Situation gerade nicht grundsätzlich ändern, beispielsweise in einem Meeting, können Sie sich entschuldigen, die Toilette aufsuchen, dort die Augen schließen und für ein paar Minuten ein wenig zur Ruhe kommen. Oder Sie trinken langsam und konzentriert ein Glas Wasser. Sie können auch unbemerkt von den anderen innerlich »eine Pause einlegen«, indem Sie Ihrem Geist gestatten, sich kurze Zeit ausschließlich auf den Atem zu fokussieren, und ein paar achtsame Atemzüge machen.

Abgesehen von ihrer Neigung zu langen Erklärungen, verfügen hochsensible Menschen in der Regel auch über ein hohes Maß an Aufrichtigkeit. Ich glaube fest daran, dass Ehrlichkeit am längsten währt und es das Beste ist, wenn alle die Wahrheit kennen, mag sie auch schmerzhaft sein. Dennoch muss man nicht immer alles aussprechen, was einem durch den Kopf geht. Extrem aufrichtige Menschen mischen sich oft unnötig ein und verletzen andere ohne Grund.
Man kann durchaus ehrlich sein und die Wahrheit sagen, ohne ungefragt alles zur Sprache zu

bringen. Wenn uns jemand etwas fragt, können wir aufrichtig antworten – und müssen trotzdem nicht alles sagen, was uns zu dem Thema in den Sinn kommt. Vor allem dann nicht, wenn das Gesagte jemanden kränken oder ihm schaden würde. Wichtig ist zu unterscheiden, welche Aussagen im gegenwärtigen Moment wirklich notwendig sind und welche nicht. Ehe Sie unbedacht heraussprudeln, stellen Sie sich zwei Fragen:

- Muss ich es jetzt sagen?
- Muss ich es überhaupt sagen?

Sie werden feststellen, dass es viele Dinge gibt, die im Augenblick nicht ausgesprochen werden müssen, ohne dass Ihre Aufrichtigkeit darunter leidet.

? oder !

Vermutlich möchten Sie stets aufgeschlossen und freundlich sein. Das kann dazu führen, dass Sie sich in Gespräche hineinziehen lassen, die Sie am Ende strapazieren und überstimulieren. Aufgrund Ihrer Offenheit und Herzlichkeit wirken Sie womöglich anziehend auf Menschen, die sich gern beklagen und über andere Leute herziehen. Und vielleicht missverstehen Sie deren Bedürfnis, ihrem Herzen Luft zu machen. Sie wollen ihnen helfen, weiterzukommen und wieder fröhlicher zu wer-

den, und leisten einen beharrlichen Einsatz, um sie zu unterstützen.
Umso frustrierender kann es dann sein, wenn Sie entdecken, dass Ihre Gesprächspartner ihrerseits nichts dazu beitragen, um ihre offenbar unbefriedigende Situation zu verbessern. Manche Menschen neigen dazu, sich stets zu beklagen, wollen jedoch keine Hilfe, um eine Veränderung herbeizuführen, sondern nur jemanden, der ihnen endlos zuhört. Das ist auf die Dauer unbefriedigend, ermüdend – und kann dadurch Ihrerseits zu Überstimulierung führen. Daher kann es nötig sein, diesen Leuten rechtzeitig ein Stoppschild entgegenzuhalten. Was jedoch nicht einfach ist, weil wir uns dann leicht schroff, herzlos und gleichgültig vorkommen.
Lernen Sie zu unterscheiden, wer Ihre Hilfe in Anspruch nehmen möchte und wer einfach nur seinem Herzen Luft machen will. Hören Sie genau zu und achten Sie darauf, ob hinter den Sätzen Ihres Gesprächspartners ein Ausrufezeichen oder ein Fragezeichen steht. Steht dort ein Fragezeichen, wünscht sich der oder die Betreffende tatsächlich Ihre Unterstützung, um etwas zu verändern. Hören Sie dagegen ein Ausrufezeichen, dann hat sich die Person vermutlich schon oft über dieses Thema ausgelassen und nicht die Absicht, davon abzugehen.

Falls Sie im Zweifel sind, fragen Sie ruhig, ob Ihre Meinung oder Ihr Rat erwünscht ist oder ob Sie nur als stummer Zuhörer dienen sollen. Ist Letzteres der Fall, müssen Sie sich an dem Gespräch nicht beteiligen und können Ihr Gegenüber bitten, sich jemand anderen als Publikum zu suchen.

Ich-Botschaften

Wenn wir uns von jemandem ein anderes Verhalten erwartet oder gewünscht haben, als er zeigt, wollen wir ihm unsere Enttäuschung in der Regel mitteilen. Vor allem bei Menschen mit geringem Selbstwertgefühl geschieht dies oftmals in Form von Du-Botschaften, zum Beispiel: »Nie hältst du Termine ein.« Oder: »Nie kann man es dir recht machen.« Das führt jedoch meist nicht zum erwünschten Ergebnis, denn Aussagen wie diese werden von dem, der sie erhält, als Schuldzuweisung, Kritik oder Abwertung – und damit als Angriff auf das Selbstwertgefühl – erlebt. Anstatt unser Anliegen ruhig anzuhören und ernst zu nehmen, wird die Person sich eher gekränkt zurückziehen oder verbal »zurückschlagen« und nun ihrerseits Kritik an uns üben. Im schlimmsten Fall eskaliert das Ganze dann zu einem handfesten Streit, der damit endet, dass beide wütend und verletzt sind –

die Sache, um die es eigentlich geht, aber nach wie vor ungeklärt ist.
Du-Botschaften werden schnell als Angriff wahrgenommen und wirken daher eskalierend. Besser ist es, mit Ich-Botschaften zu arbeiten, die ausschließlich von uns selbst und unseren Gefühlen erzählen. *Durch Ich-Botschaften stehen wir gleichermaßen innerlich zu uns selbst und werden nach außen als Person sichtbar: Wir sprechen nicht über andere und machen sie auch nicht für unser Befinden verantwortlich, wir urteilen nicht und enthalten uns aller Aussagen, was andere tun sollen. Damit stärken wir unser Selbstwertgefühl und transportieren es auch nach außen.* Ich-Botschaften wirken deeskalierend und ermöglichen es, ruhig und sachlich über seine Anliegen zu sprechen und sich mit anderen zu einigen. Der Einstieg in so ein Gespräch könnte, um bei den Beispielen oben zu bleiben, lauten: »Ich ärgere mich, weil ich unter Druck komme, wenn du den Bericht später als vereinbart lieferst.« Oder: »Ich bin enttäuscht, weil ich mir große Mühe gegeben habe, es besonders gut zu machen.«

Als Empfänger von Ich-Botschaften müssen wir darauf achten, nicht mehr in sie hineinzuinterpretieren, als sie tatsächlich enthalten. Sagt jemand zum Beispiel: »Ich bin müde«, heißt das nicht, dass Sie ermüdend sind. »Ich bin enttäuscht« bedeutet nicht, dass es in Ihrer Verantwortung gelegen hätte, diese Enttäuschung zu vermeiden.

Als hochsensible Persönlichkeit sind Sie gegenüber Kritik vermutlich empfindlicher als die meisten anderen und haben auch feinere Antennen dafür, wenn sich in Ihrer Gegenwart eine allgemeine Unzufriedenheit ausbreitet. Wahrscheinlich neigen Sie auch dazu, die Äußerungen Ihrer Mitmenschen zu interpretieren, schnell persönlich zu nehmen oder als Kritik aufzufassen.

Sie haben eine Tendenz, Ihr Wohlbefinden davon abhängig zu machen, wie Sie die Äußerungen Ihrer Mitmenschen verstehen. Wenn jemand zu Ihnen sagt: »Wir haben uns aber lange nicht mehr gesehen«, dann können Sie das entweder als Aussage darüber deuten, wie sehr dieser Mensch Sie vermisst hat, oder aber darin den Vorwurf wittern, dass Sie so lange nichts von sich hören ließen.

Von Ihrer Interpretation hängt es ab, wie Sie reagieren, was Sie fühlen und sagen. In Wahrheit wurde nichts anderes geäußert als: »Wir haben uns aber lange nicht mehr gesehen.« Das mag so sein. Jedenfalls empfindet der Sprecher es so.

Wir sind nicht dafür verantwortlich, die Wünsche und Bedürfnisse unserer Mitmenschen zu erfüllen.

Und doch reagieren wir oft heftig, wenn jemand einen wunden Punkt bei uns berührt, der ungelöste Gefühle aus der Vergangenheit triggert. Oder weil andere nicht unseren Erwartungen davon entsprechen, was richtig oder falsch ist. Manche Menschen reagieren traurig und verletzt, wenn sie sich abgewiesen fühlen. Solange wir erwarten, dass uns alle jederzeit aufmerksam zuhören, Rücksicht nehmen und an uns interessiert sind, fühlen wir uns auch berechtigt, zornig oder enttäuscht zu sein, wenn dem nicht so ist. Doch auch für unsere emotionalen Reaktionen tragen allein wir selbst die Verantwortung und niemand sonst.
Es ist daher vollkommen in Ordnung, Grenzen zu setzen und im eigenen Interesse zu handeln – wie unsere Mitmenschen darauf reagieren und welche Gefühle das bei ihnen weckt, entzieht sich unserem Einfluss. Wir sind ausschließlich dafür verantwortlich, wie wir andere behandeln und uns ihnen gegenüber ausdrücken. Doch auch wenn wir uns respektvoll und wertschätzend anderen gegenüber verhalten, lässt es sich nicht vermeiden, dass wir von Zeit zu Zeit andere Menschen traurig machen oder enttäuschen. Wir müssen lernen, die Emotionen anderer sowie die Stimmung, die daraus entsteht, zu akzeptieren und zugleich unsere Integrität, unsere Bedürfnisse und Grenzen zu wahren.

Liebe und Beziehungen

Die Liebe kann bei hochempfindsamen Menschen einen ganz besonderen Stellenwert einnehmen. Hochsensible seien Herzensmenschen, heißt es, und oft zeichnet sie ein natürlicher Altruismus aus. Was bedeutet, dass wesentliche Werte dem Wunsch entspringen, anderen etwas Gutes zu tun. Dass Nächstenliebe, Empathie und Mitgefühl hoch im Kurs stehen.

Die Liebe hängt eng mit dem Selbstwertgefühl zusammen. Unser Selbstwertgefühl wird gestärkt, wenn wir uns als der liebevolle Mensch entfalten können, der wir von Natur aus sind. Und das verleiht uns wiederum noch mehr Energie, Mut und Vertrauen, sowohl Liebe zu geben als auch zu empfangen.

Die anhaltende Liebe beschränkt sich nicht auf ihre romantische Seite. Sie umfasst mehr als uns selbst und unsere Nächsten. Die anhaltende Liebe ist die Liebe zum Leben und zu dem, was alles verbindet und unserem Dasein einen Sinn verleiht.

Ich glaube an die Liebe. Ich glaube, dass die Liebe eine Art Urzustand des Menschen ist, ehe alles andere hinzukam. Aber mit der Liebe ist es nicht leicht. Oft sind wir frustriert, verfangen uns in lieblosen Gefühlen, Reaktionen und Worten.

Viele von uns sehnen sich nach einem Leben voller Liebe und suchen in ihrem Umfeld nach ihr – in der Ehe, in der Familie, in der Arbeit. Doch in keinem Fall haben wir eine Garantie, dass die Liebe auch wirklich anhält.

»Niemand wird geboren, um einen anderen Menschen zu hassen.
Die Leute müssen lernen zu hassen, und wenn sie lernen zu hassen, können sie auch lernen zu lieben.
Selbst in den dunkelsten Zeiten im Gefängnis, als meine Kameraden und ich größte Not litten, sah ich manchmal die Menschlichkeit in den Augen eines Wärters, wenn auch nur für eine Sekunde, doch lange genug, um mir Sicherheit zu geben und mich aufrecht zu halten.
Die Güte des Menschen ist eine Flamme, die manchmal verborgen ist, doch niemals erlöschen kann.«

Nelson Mandela, Der lange Weg zur Freiheit

Wir haben das Bedürfnis, Liebe zu geben und zu empfangen, zu lieben und geliebt zu werden. Die Fähigkeit, ein Leben voller Liebe zu führen, liegt allein in uns selbst.

Wir müssen uns trauen zu zeigen, wer wir sind. Es gibt nur einen Weg zur Liebe – und der führt über den echten und ehrlichen Kontakt zu uns selbst und anderen.
Die meisten Menschen wollen als diejenigen geliebt werden, die sie sind. Doch geliebt zu werden ist nicht das Wichtigste im Leben. Das Größte ist, zu lieben – sich selbst und andere.
Zeigen Sie einmal probehalber auf sich selbst. Jetzt gleich. Zeigen Sie auf sich selbst. Wohin zeigen Sie? Wenn Sie es machen wie die meisten, dann zeigen Sie auf Ihr Herz. Niemand zeigt auf den Nabel, den Ellbogen oder die Zehen. Wir zeigen auf unser Herz. Warum? Weil wir instinktiv spüren, dass das Herz die Essenz unserer Persönlichkeit ist.

Vergebung

Vergebung ist ein Aspekt der Liebe. Negative Gedanken und Einstellungen dagegen halten die Liebe auf Distanz. Es ist unmöglich, herablassend über jemand anderen zu denken und zu sprechen und zugleich seinen Seelenfrieden zu finden.
Vergebung ist der Schlüssel zu innerem Frieden, weil Vergebung ein Prozess ist, der unsere ängstlichen und zornigen Gedanken in Liebe verwandelt.
Wir haben oft Schwierigkeiten, uns und anderen zu

vergeben. Wir empfinden berechtigten Zorn, den wir nicht so schnell loswerden, weil wir uns unfair behandelt fühlen oder enttäuscht sind. Nicht selten hindern uns stets wiederkehrende negative Gedanken an Vergangenes daran, unsere innere Mitte zu finden. Dabei können wir die Vergangenheit nicht ändern, wohl aber die Gedanken über die Vergangenheit – indem wir vergeben.

Vergebung handelt weniger davon, andere Menschen zu befreien, indem wir ihnen nichts mehr nachtragen. Viel wichtiger ist: Wer anderen vergibt, befreit sich selbst aus dem Gefängnis der automatischen negativen Gedanken, in dem er gefangen war.

Sie wissen, dass die Vergebung vollendet ist, wenn Sie in der Lage sind, dem anderen Verständnis und Wärme entgegenzubringen und ihm reinen Herzens nur das Beste wünschen.

Zwei tibetische Mönche begegnen einander, viele Jahre nachdem sie aus dem Gefängnis entlassen wurden, in dem sie von ihren Wächtern gefoltert wurden.

»Hast du ihnen vergeben?«, fragt der eine.

»Ich werde ihnen nie vergeben«, antwortet der andere. »Niemals.«

»Ja, aber dann halten sie dich immer noch gefangen«, entgegnet der erste Mönch.

Liebe und Furcht

All unsere Gefühle lassen sich zwei grundlegenden Kategorien zuordnen – der Liebe und der Furcht. Gefühle, die mit Liebe zu tun haben, sind Dankbarkeit, Vergebung, Mitgefühl, Freude und Wertschätzung. Gefühle, die mit Furcht zu tun haben, sind Zorn, Trübsal, Neid, Verletzlichkeit und Schuldgefühl. Jeder Augenblick unseres Lebens – unser Verhalten und unsere Entscheidungen – wird entweder von der Liebe oder der Furcht beherrscht. Folglich sind wir entweder glücklich oder unglücklich.

Der Stammesälteste der Cherokee erzählte seinem Enkel eines Abends von dem Kampf, der in den Köpfen der Menschen stattfindet. Er sagte: »Mein Sohn, es geht um den Kampf zweier Wölfe, die in uns allen leben. Der eine ist die Unzufriedenheit. Das sind Furcht, Kummer, Zorn, Selbstmitleid, Kränkung und Schuldgefühl. Der andere ist das Glück. Das sind Freude, Liebe, Hoffnung, Anerkennung, Seelenfrieden, Freundlichkeit, Großherzigkeit, Wahrheit und Mitgefühl.«

Der Enkel denkt eine Weile darüber nach und fragt seinen Großvater: »Und welcher Wolf gewinnt?«

Der alte Mann antwortet: »Derjenige, den du fütterst.«

Wen füttern Sie: die Liebe oder die Furcht?

Gegenwärtigsein

Wenn wir unseren Nächsten unsere Liebe zeigen wollen, dann reicht es nicht aus, »Ich liebe dich« zu sagen. Eine Handvoll Liebe ist nicht genug. Wir zeigen unsere Liebe, indem wir Zeit investieren. Es geht um Aufmerksamkeit und Gegenwärtigkeit.

Wir mögen noch so viele Geschenke und Blumen bekommen. Was wir vor allem brauchen, ist die Nähe zu den Menschen, die uns am Herzen liegen. Und dazu gehört tatsächlich gar nicht so viel.

Wir können nicht immer präsent und gegenwärtig sein. Doch in der Geschäftigkeit des Alltags sind wir oft nur halb anwesend, ganz gleich, wo oder mit wem wir zusammen sind. Bei der Arbeit denken wir an zu Hause, und zu Hause denken wir an die Arbeit. Wir antworten, während unsere Gedanken woanders sind, tun jedoch so, als würden wir zuhören. Gegenwärtigkeit bedeutet aber, unsere volle Aufmerksamkeit dem Hier und Jetzt zu schenken.

Als sensitiver Mensch haben Sie vermutlich ein gesteigertes Bedürfnis, Ihre Aufmerksamkeit nach innen zu richten und sich mit sich selbst zu beschäftigen. Es ist vollkommen in Ordnung, sich hin und wieder von anderen Menschen zurückzuziehen, um für sich zu sein. Gegenwärtigkeit handelt auch davon, dies offen und mit gutem

Gewissen auszusprechen – womöglich mit der Ergänzung, wann man der Gemeinschaft wieder zur Verfügung steht.

Sowohl das Bedürfnis nach Gemeinschaft als auch das nach Rückzug sind in uns angelegt, und wir brauchen beides, um mit uns im Reinen zu sein. Wenn wir es nicht lernen, sie ins Gleichgewicht zu bringen, werden wir auf Dauer unzufrieden mit uns, unseren Beziehungen und unserem Leben sein. Für mich sind diese beiden Bedürfnisse wie zwei wellenförmige Bewegungen, die sich begegnen und wieder trennen, immer und immer wieder, in einem ewigen Rhythmus.

Finden Sie Ihren eigenen Rhythmus und stehen Sie dazu. Wenn Sie für sich sein möchten, dann ziehen Sie sich zurück und genießen Sie das Alleinsein ganz bewusst. Und wenn Sie mit Ihren Lieben zusammen sind, dann seien Sie ganz bei ihnen. Alles zu seiner Zeit, aber immer im Hier und Jetzt.

Denn unser Leben findet ausschließlich jetzt, in diesem Augenblick, statt. Alles andere spielt sich nur in Ihrer Vorstellung ab und hindert Sie daran, zu leben.

Zum Schluss

Wenn man von seiner hochsensiblen Veranlagung erfährt, kann das im ersten Moment sehr berührend und erschütternd sein, weil man erst jetzt richtig begreift, wie schwer vieles gewesen ist und warum.
Viele Menschen sagen mir, wie froh sie gewesen wären, hätten sie schon eher um ihre sensitive Veranlagung gewusst, weil dann vielleicht manches für sie einfacher gewesen wäre.
Doch es ist nie zu spät, um ein gutes Selbstwertgefühl zu entwickeln. Es geht darum, was Sie über sich selbst denken und wie Sie Ihr Leben führen, und das haben Sie selbst in der Hand.
Ich habe einmal von einem Mann gelesen, der sich noch spät seinen Lebenstraum erfüllte: Als 80-Jähriger begann er damit, seinen eigenen Hubschrauber zu bauen, mit dem er selbst fliegen wollte. Was für eine Beharrlichkeit, was für ein Enthusiasmus. Sicher hatte der Mann leuchtende Augen und strahlte eine große Energie und Vitalität aus.

Ehe wir einen Schlussstrich ziehen, kehren wir noch einmal zu der Übung zur Selbsteinschätzung Ihres Selbstwertgefühls am Anfang dieses Buches zurück. Ich hoffe, dass Sie im Zuge dieser Lektüre viel über sich gelernt haben, und ich wünsche mir, dass Ihre Erkenntnisse dazu geführt haben, dass Sie sich in einem positiven Licht sehen und Ihren eigenen Wert kennen. Wie sehr Ihnen das gelungen ist, erfahren Sie, wenn Sie die folgende Übung machen und die Ergebnisse mit denen auf Seite 22–24 vergleichen bzw. in Ihrem Heft nachlesen.

SELBSTEINSCHÄTZUNG

Mein Selbstwertgefühl

Wie würden Sie Ihr momentanes Selbstwertgefühl auf einer Skala von 1 (nicht vorhanden) bis 10 (könnte nicht besser sein) beurteilen?

① ② ③ ④ ⑤ ⑥ ⑦ ⑧ ⑨ ⑩

Wenn Sie mögen, notieren Sie Ihre Antworten wieder in Ihrem Heft.

Nun beschreiben Sie so persönlich und genau wie möglich: Wenn ich ein gutes Selbstwertgefühl hätte …

Was würde ich von mir denken?

Was würde ich anderen über mich erzählen?

Was würde ich über andere denken?

Wie würde es sich anfühlen – in meinem Kopf und in meinem Körper?

Was würde ich tun?

Was würden andere über mich denken und sagen?

Wie würde mein Leben in einem Jahr aussehen?
In fünf … in zehn Jahren?

Wie oft müsste ich mein gutes Selbstwertgefühl spüren können, um zufrieden zu sein. Immer? In 90 Prozent der Zeit? 80 Prozent, 70 Prozent oder weniger?

Habe ich den Mut zum Selbstwertgefühl? Falls nicht, was steht dem im Wege bzw. was könnte mir Mut verleihen?

Damit Sie sich jederzeit an Ihr neu gewonnenes Selbstwertgefühl erinnern und es »auffrischen« können, habe ich Ihnen im Folgenden eine Liste mit den elf wichtigsten Punkten zusammengestellt. Vielleicht kopieren Sie sie sich und hängen sie irgendwo in Ihrer Wohnung oder im Büro auf, wo Sie öfter mal hinschauen?

11 TIPPS FÜR EIN GUTES SELBSTWERTGEFÜHL

- Hören Sie auf sich selbst – auf Ihre Intuition und die Weisheit Ihres Körpers.
- Seien Sie froh, so zu sein, wie Sie sind.
- Denken Sie ausschließlich positiv über sich selbst.
- Sprechen Sie zugewandt und positiv über sich selbst.
- Schaffen Sie jeden Tag die besten Bedingungen für sich selbst.
- Lernen Sie, guten Gewissens Nein zu sagen.
- Lernen Sie, guten Gewissens Ja zu sagen.

- Machen Sie eine Pause, ehe Sie den Punkt der maximalen Aufnahmefähigkeit erreichen.
- Schlafen Sie ausreichend.
- Tun Sie mehr von dem, was Ihnen Energie gibt.
- Seien Sie der glücklichste Mensch der Welt.

Ich wünsche Ihnen viel Glück!

Ihre
Susanne Moeberg

Lebenshilfe auf den Punkt gebracht

Achtsamkeit hilft uns, mit den Herausforderungen des Lebens geschickter umzugehen – und dabei die kleinen Freuden des gegenwärtigen Augenblicks aus vollem Herzen zu genießen. Die kompakten Pocketguides bieten einen unkomplizierten Einstieg: Eine Fülle an Übungen und Impulsen zeigt, wie sich Achtsamkeit konkret im Alltag umsetzen lässt.

ISBN 978-3-95803-080-0

ISBN 978-3-95803-008-4

ISBN 978-3-95803-007-7

ISBN 978-3-95803-009-1

Weitere erfolgreiche Titel aus der Reihe »Achtsam leben«

»Das größte aller Wunder ist es,
lebendig zu sein. Achtsamkeit ermöglicht uns,
dieses Wunder zu berühren.«

Thich Nhat Hanh

ISBN 978-3-95803-103-6

ISBN 978-3-943416-95-4

ISBN 978-3-95803-030-5

ISBN 978-3-95803-046-6